Sandra Backwinkel

# *Lieblingsrezepte der*
# THERMO TURBOMIXE

## *Kochen mit dem Thermomix®*

LEMPERTZ

**IMPRESSUM**

Math. Lempertz GmbH
Hauptstraße 354
53639 Königswinter
Tel.: 02223 / 90 00 36
Fax: 02223 / 90 00 38
info@edition-lempertz.de
www.edition-lempertz.de

© 2017 Mathias Lempertz GmbH

Dieses Kochbuch wurde nach bestem Wissen und
Gewissen verfasst. Weder der Verlag noch der Autor
tragen die Verantwortung für ungewollte Reaktionen
oder Beeinträchtigungen, die aus der Verarbeitung
der Zutaten entstehen.
Der Markenname „Thermomix" ist rechtlich geschützt und
wird nur als Bestandteil der Rezepte verwendet. Für Schäden, die bei
der Zubereitung der Gerichte an Personen oder
Küchengeräten entstehen, wird keine Haftung übernommen.
Bitte beachte die Anwendungshinweise der Gebrauchsanweisung
deines Thermomixgerätes.

 www.facebook.com/MIXtippRezepte
Titelbild: Fotolia
Lektorat: Team mixtipp, Christina Meuser
Layout/Satz: Christine Mertens
Gesamtherstellung: CPI

ISBN: 978-3-96058-037-9

Fotos: © fotolia: Westend61, Image Source, weseetheworld,
Nick, Goodpics, LMproduction, MNStudio, redpepper82,
Jacob Lund, pinkyone
© Sandra Backwinkel

# INHALT

## SÜSSES

## ZUM FRÜHSTÜCK

## GETRÄNKE

THERMO TURBOMIXE

*Liebe Thermomixfreunde,*

wir freuen uns, dass Sandra Backwinkel alias Thermo Turbomixe nun auch
ihre tollen Rezepte und Ideen für den Thermomix mit dem Team mixtipp
teilt. Im Internet begeistert sie ihre Fans auf ihrer eigenen Homepage
(kinderleichtkochen.com), mit ihrem Youtube-Kanal und auch auf
Facebook gibt sie zahlreiche Tipps rund um den Thermomix.

In dieses Buch hat sie ihre ganze Begeisterung fürs Kochen und
ihre Leidenschaft für die Fotografie mit einfließen lassen.

Der Thermomix ist bei Sandra Backwinkel tagtäglich im Einsatz. Egal,
ob sie gerade in Deutschland oder auf ihrer Lieblingsinsel Mallorca lebt.
Schon morgens bereitet sie sich einen leckeren Smoothie oder ein Müsli
zu. Mittags dürfen es leckere Hauptgerichte wie Chicken Tikka Masala
oder Chia-Pizza sein und zwischendurch gibt es Schokoknusperflakes mit
Johannisbeercreme oder Pizzastangen. All diese und viele weitere Rezepte
hat Sandra Backwinkel in diesem Buch für euch zusammengestellt.
Sie sind einfach und schnell nachkochbar. Abwechslung ist garantiert!

Wir wünschen euch viel Spaß damit!

*Antji Watermann*

Herausgeberin, Edition Lempertz

# EINLEITUNG

Hallihallo! Mein Name ist Sandra Backwinkel. Seit nunmehr acht Jahren bin ich voll und ganz im Thermomix-Fieber. Damals war ich noch als Maklerberaterin im Versicherungsaußendienst täglich im Auto unterwegs und hatte generell wenig Lust und Zeit zum Kochen. Nachdem dann aber 2009 meine beste Freundin einen Thermomix bekommen hatte, war ich neugierig und habe auch gleich mit meinem Mann eine Thermomix-Vorführung besucht. Sofort war mir klar, dass ich so ein Ding brauchte! Gesagt, getan.

Seitdem möchte ich den Thermomix nicht mehr missen. Auf Ideen wie das Kochen von Gewürzpaste oder Marmeladen wäre ich ohne ihn nie gekommen – jetzt aber koche ich mir nicht nur mein komplettes Mittagessen, sondern backe mir auch mein Brot selbst oder stelle mit Bircher Müsli und einem Smoothie mein Frühstück zusammen. So geht nicht nur alles sehr schnell, ich weiß auch noch, was drin ist. Und als 2013 unser Sohn geboren wurde, lernte ich noch eine weitere unschlagbare Verwendungsmöglichkeit des Thermomix kennen: Breikochen!

Da ich ein sehr geschäftiger Mensch bin, fing ich im Herbst 2014 noch während meiner Elternzeit nebenberuflich an, als Thermomix-Repräsentantin zu arbeiten. So entstand dann auch die Idee zu meiner Homepage, www.kinderleichtkochen.com. Ich möchte meine Freude am Thermomix-Kochen gerne weitergeben und die vielen Verwendungsmöglichkeiten des Thermomix zeigen, auch wenn ich nicht immer selbst vor Ort sein kann. Deshalb habe ich angefangen für meine Homepage auf YouTube Videos hochzuladen und die Facebookseite Thermo Turbomixe zu erstellen. Der Name ist natürlich Programm: Ich bin ein quirliger Mensch und halte deshalb meine Videos auch ziemlich kurz, indem ich einige unwichtige Stellen schneller drehe.

Und dann ging es auf einmal los: Ich war schon bei 100 YouTube-Abonnenten mächtig stolz, aber inzwischen habe ich mehr als 16.000 Abonnenten, der Wahnsinn. Meine Facebook-Seite Thermo Turbomixe Sandra Backwinkel hat mittlerweile mehr als 24.000 Likes, während ca. 90.000 Besucher monatlich meine Homepage besuchen. Ich freue mich riesig über so viel Zuspruch und besonders über die vielen positiven Zuschriften und Kommentare im Gästebuch meiner Homepage.

Im Herbst 2016 habe ich meine feste Arbeitsstelle bei einem großen deutschen Versicherer gekündigt, um hauptberuflich selbständig zu sein. Seitdem mache ich meine Leidenschaften zum Beruf: Ich bin nun Thermomix-Repräsentantin, Beraterin für The Pampered Chef, Homepage-Gestalterin, Sängerin und Fotografin (alle Fotos zu den Rezepten in diesem Buch stammen von mir). Ach ja, und nun ja auch Buchautorin. 🙂

Meine Rezepte sind stets einfach nachzukochen bzw. -backen und die Zubereitungszeit ist meistens recht kurz. Ich versuche, mich sehr bewusst zu ernähren, weshalb ich viele Rezepte möglichst kalorien- und fettarm gestalte. Klar darf es bei mir auch mal eine Mousse au Chocolat oder ein Sahneeis sein – aber ich lege viel Wert auf eine ausgewogene gesunde Ernährung und viel Bewegung. Daher treibe ich auch in meiner Freizeit gerne Sport: Ich jogge, gehe 2-3 Mal pro Woche ins Fitnessstudio, spiele Tennis, fahre Inlineskates und entdecke beim Wandern die Natur meiner Lieblingsinsel Mallorca, auf der ich auch zeitweise lebe.

Ich hoffe sehr, dass euch meine Auswahl an Rezepten gefällt und wünsche nun viel Spaß beim Stöbern, Kochen und Backen!

Herzliche Grüße,

Eure Sandra Backwinkel

# SUPPEN, SALATE UND SNACKS

30 Chips | 18 Min. | leicht

# CHIPS AUS CHIA UND QUINOA

**Zubereitungszeit: 10 Minuten**
**Backzeit: 8 Minuten/**
**180°C Umluft**
**Utensilien: 1 Baguette-Blech**
**Zutaten für ca. 30 Chips**

---

50 g Chiasamen

---

100 g Quinoa

---

10 g Sesamkörner

---

70 g Wasser

---

¼ TL Salz

---

1. Als Erstes heizt du den Ofen auf 180°C Umluft vor.

2. Gib Chiasamen und Quinoa in den Mixtopf und pulverisiere beides 30 Sekunden/ Stufe 10.

3. Füge Sesamkörner, Wasser und Salz hinzu und vermische die Zutaten 10 Sekunden/ Stufe 6.

4. Forme aus der Masse ca. 30 Kugeln mit einem Durchmesser von ca. 2 - 2,5 cm und rolle diese zwischen 2 Klarsichtfolien nacheinander ca. 1-2 mm dick aus.

5. Lege die Chips auf ein Baguette-Blech (damit sie die Chips-typische, gewölbte Form bekommen) und backe sie nacheinander im Ofen ca. 8 Minuten/ 180°C Umluft. Die Ränder sollten gut braun geworden sein.

**mixtipp**

Die Chips passen z.B. super zu einem Kräuter-Frischkäse-Dip.

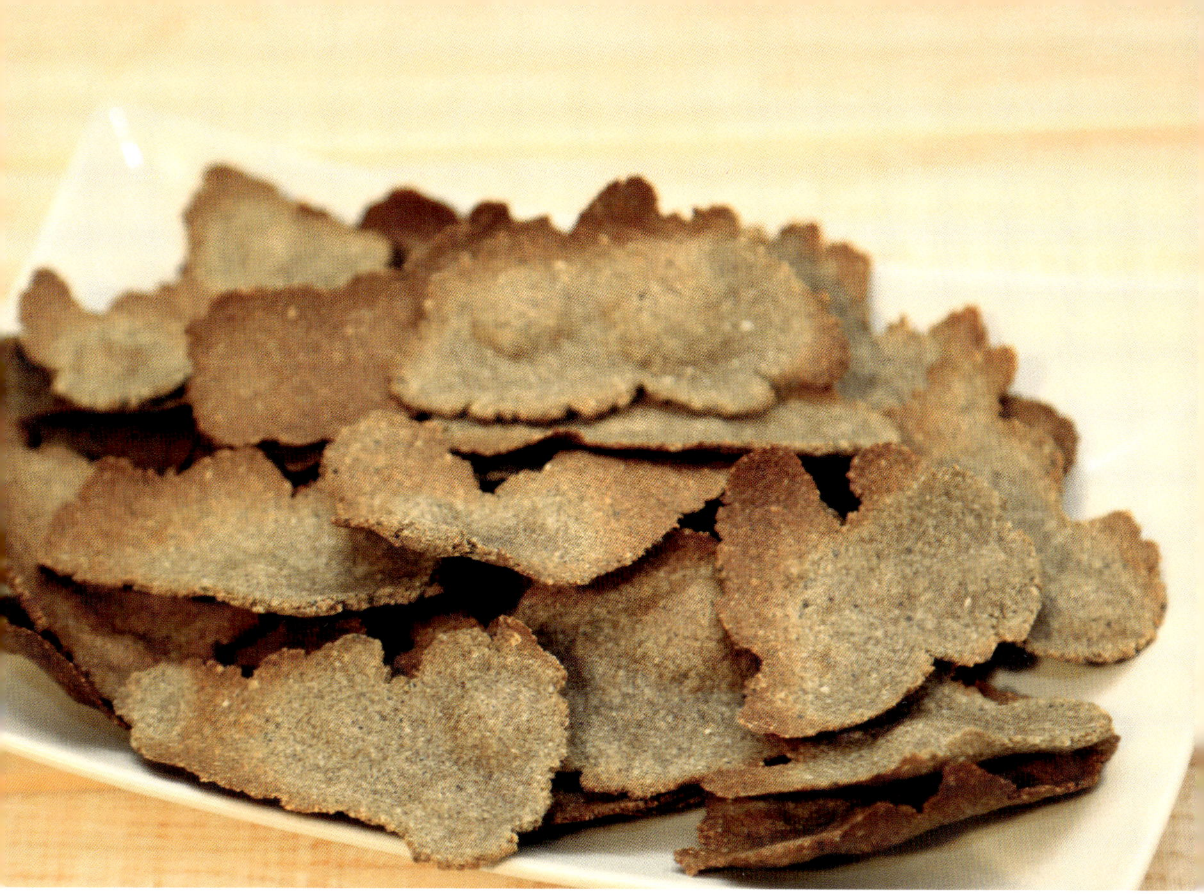

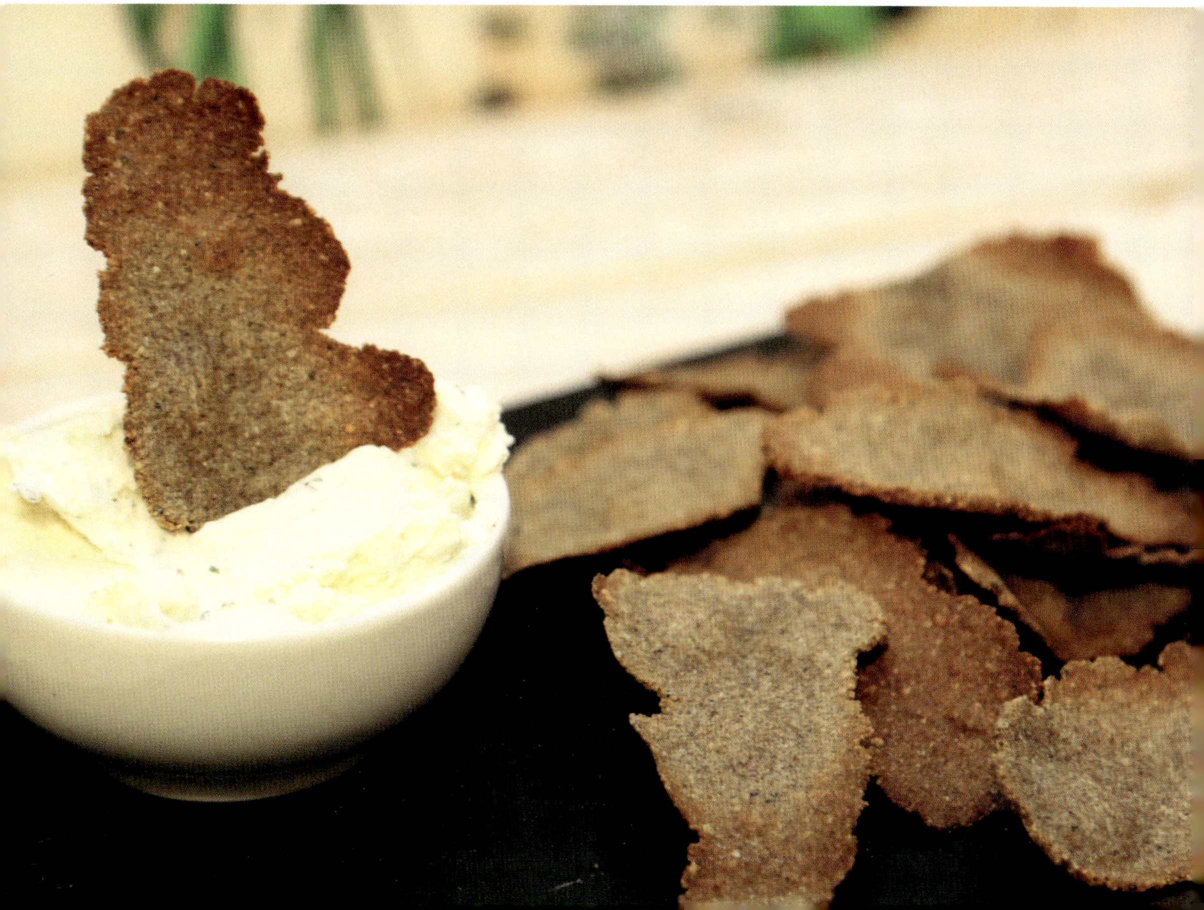

4 Portionen | 30 Min. | leicht

# KAROTTEN-CURRY-CREME-SUPPE

**Zubereitungszeit: 30 Minuten**
**Zutaten für 4 Portionen**

300 g Karotten, geschält,
in groben Stücken

50 g Butter, in Stücken

20 g Zucker

20 g Mehl

1 EL Curry

500 g Gemüsebrühe
(z.B. aus 500 g Wasser und
1 TL selbstgemachter
Gewürzpaste)

100 g Sahne

50 g Schmand

Safran, Basilikum oder Petersilie,
nach Belieben, zum Garnieren

**1.** Gib Karotten, Butter und Zucker in den Mixtopf und zerkleinere die Zutaten 5 Sekunden/ Stufe 5. Schiebe die Stücke mit dem Spatel nach unten und gare die Karottenstücke anschließend 4 Minuten/ 100°C/ Stufe 1.

**2.** Füge Mehl, Curry, Gemüsebrühe, Sahne und Schmand hinzu und gare die Mischung 20 Minuten/ 100°C/ Stufe 2.

**3.** Rühre die Suppe zum Schluss noch einmal 30 Sekunden/ Stufe 10 cremig. Verteile sie anschließend auf Tellern und garniere sie mit einem Klecks Schmand und etwas Safran, Basilikum oder Petersilie.

7-8 Portionen | 20 Min. | leicht

# FEINE SENFSUPPE MIT GARNELEN

**Zubereitungszeit: 20 Minuten**
**Utensilien: 1 Pfanne**
**Zutaten für 7-8 Portionen**

120 g Möhren, in Stücken

200 g Zwiebeln, halbiert

30 g Butter (oder Olivenöl)

30 g Mehl

1000 g Wasser

1 TL Gewürzpaste für Gemüsebrühe oder ⅓ Brühwürfel

1 Stange Porree (ca. 100 g,
weißer und hellgrüner Teil),
in Ringen (ca. 0,5 cm)

250 g Schmand

50 g mittelscharfer Senf

5 g Zucker

½ TL Pfeffer

etwas Salz zum Abschmecken,
nach Belieben

500-600 g Garnelen, geschält/
gepult

½ TL Knoblauchpaste

½ TL Chiliflocken, nach Belieben

etwas Butter oder Öl
zum Anbraten

**1.** Gib die Möhren in Stücken und die Zwiebel in den Mixtopf und zerkleinere beides 5 Sekunden/ Stufe 5. Schiebe die Stücke mit dem Spatel nach unten.

**2.** Füge Butter oder Öl hinzu und dünste die Möhren-Zwiebelmischung 4 Minuten/ 100°C/ Stufe 1. Gib nun auch noch das Mehl hinzu und schwitze die Zutaten 2 Minuten/ 100°C/ Stufe 2 an.

**3.** Fülle Wasser und Gewürzpaste dazu und verrühre die Mischung 8 Sekunden/ Stufe 4.

**4.** Nun gibst du den Porree in Ringen hinzu und kochst die Zutaten 8 Minuten/ 100°C/ Stufe 2. Brate währenddessen in einer gefetteten Pfanne die Garnelen mit der Knoblauchpaste und den Chiliflocken an und verteile sie anschließend auf Suppenteller.

**5.** Füge Schmand, Senf, Zucker und Pfeffer in den Mixtopf hinzu und gare die Suppe 2 Minuten/ 90°C/ Stufe 2 weiter.

**6.** Püriere die Suppe zum Schluss schrittweise 30 Sekunden/ Stufe 5-8, erwärme sie danach gegebenenfalls nochmals 1 Minute/ 90°C/ Stufe 1 und schmecke sie mit Salz ab.

4 Portionen | 35 Min. | leicht

# FRUCHTIGER COUSCOUS-SALAT

**Zubereitungszeit: 35 Minuten**
**Utensilien: 1 Saftpresse**
**Zutaten für 4 Portionen**

---

150 g Couscous

---

150 g Wasser

---

$\frac{1}{3}$ TL Gewürzpaste
für Gemüsebrühe

---

Saft von 1 Orange (oder 100 g
Orangensaft)

---

Schale von einer ¼ Orange
(Zeste)

---

4 getrocknete Aprikosen
(Trockenobst)

---

4 Stängel frischer Schnittlauch

---

10 Blätter frische Pfefferminze

---

3 Stängel Petersilie

---

200 g Zucchini, in 1 cm dicken
Scheiben

---

150 g Tomaten, geviertelt

---

2 Stangen Frühlingszwiebeln,
in Ringen (ca. 4 mm)

---

250 g Naturjoghurt, 3,5 % Fett

---

10 g Zitronensaft

---

½ TL Salz

---

¼ - ½ TL Pfeffer

---

**1.** Wiege den Couscous ab und fülle ihn in eine große Schale.

**2.** Erhitze 150 g Wasser und $\frac{1}{3}$ TL Gewürzpaste im Mixtopf 3 Minuten/ 100°C/ Stufe 1 und schütte es anschließend auf den Couscous in der Schale. Presse in der Zwischenzeit die Orange mit einer Saftpresse aus oder wiege 100 g Orangensaft ab und gib diesen ebenfalls zum Couscous dazu. Lass diesen nun 5 Minuten quellen.

**3.** Trockne den Mixtopf ab, gib Orangenzeste, Aprikosen, Schnittlauch, Pfefferminze und Petersilie hinein und zerkleinere die Zutaten 10 Sekunden/ Stufe 9.

**4.** Füge nun auch Zucchini, Tomaten, Frühlingszwiebeln, Joghurt, Zitronensaft, Salz und Pfeffer hinzu und zerkleinere die Mischung 6 Sekunden/ Stufe 5. Gib die Gemüsemischung zum Couscous, verrühre alles, lass es 20 Minuten durchziehen und schmecke den Salat abschließend mit Salz und Pfeffer ab.

1 Blech  1h 10 Min.  mittel

# PIZZASTANGEN

**Zubereitungszeit: 25 Minuten**
**Ruhezeit: 30 Minuten**
**Backzeit: 15 Minuten/**
**180°C Umluft oder 25 Minuten/**
**210°C Ober-/Unterhitze**
**Utensilien: 1 Backblech oder**
**1 großer Ofenzauberer**
**(Backform von The Pampered**
**Chef), 1 Pizzaschneider**
**Zutaten für 1 Blech**

---

100 g Grana Padano (oder
Parmesan), in Stücken

---

10 g frische Hefe

---

100 g Wasser

---

30 g Olivenöl

---

200 g Weizenmehl

---

5 g Salz

---

2 TL Oregano (oder 1 TL
Oregano und 1 TL Pizzagewürz)

**1.** Als Erstes gibst du den Grana Padano in den Mixtopf, zerkleinerst diesen 10 Sekunden/ Stufe 10 und füllst ihn anschließend in eine separate Schüssel um.

**2.** Fülle nun Hefe, Wasser und Öl in den Mixtopf und löse die Hefe 40 Sekunden/ 37°C/ Stufe 2 auf.

**3.** Füge Mehl, Salz, Oregano und 50 g des zerkleinerten Grana Padanos hinzu und verarbeite die Zutaten 30 Sekunden/ Stufe 6 zu einem Teig. Wickle diesen nun in eine Klarsichtfolie ein und lass ihn 30 Minuten im Kühlschrank ruhen. Heize den Ofen währenddessen auf 180°C Umluft oder 210°C Ober-/Unterhitze vor, wenn du den großen Ofenzauberer verwendest.

**4.** Gib den Teig nach der Ruhezeit auf ein mit Backpapier belegtes Backblech oder den gefetteten großen Ofenzauberer und rolle ihn ca. 3 mm dick aus.

**5.** Verteile den restlichen Grana Padano auf dem Teig und rolle nochmals kurz darüber.

**6.** Schneide mit einem Pizzaschneider/Messer den Teig in 3 Reihen. Dann schneide wiederum aus den einzelnen Reihen jeweils 1-2 cm breite Teile/Bänder (siehe Fotos/Video). Danach drehe die einzelnen Teile/Bänder gegeneinander, so dass Spiralen entstehen.

**7.** Backe die Pizzastangen im Ofen für ca. 15 Minuten/ 180°C Umluft oder, wenn du den Ofenzauberer verwendest, 25 Minuten/ 210°C Ober-/Unterhitze knusprig braun.

4-6 Portionen

5 Min.

leicht

# ROTKOHL-MÖHREN-ROHKOST

**Zubereitungszeit: 5 Minuten**
**Utensilien: 1 Saftpresse**
**Zutaten für 4-6 Portionen**

Saft von einer ½ Orange
(ca. 50 g)

300 g Rotkohl, in groben
Stücken

ca. 80 g Möhren, geschält,
in groben Stücken

1 roter Apfel, geachtelt,
mit Schale

50 g Mandeln

10 g Walnuss- oder Rapsöl

20 g Zitronensaft

einige Spritzer Crema di
Balsamico

10 g Honig

5 g Salz

¼ TL Pfeffer

1 ½ TL Senf

2-3 Prisen Zimt, nach Belieben

**1.** Presse zunächst den Saft von einer halben
Orange mit einer Saftpresse aus und fülle ihn dann
in den Mixtopf.

**2.** Gib anschließend Rotkohl, Möhren, Apfel, Mandeln, Öl, Zitronensaft, Crema di Balsamico, Honig,
Salz, Pfeffer, Senf und Zimt in den Mixtopf hinzu und
zerkleinere die Zutaten 5 Sekunden/ Stufe 5.

# DIPS & SAUCEN

1,25 l   10 Min.   leicht

# JOGHURT-DRESSING

**Zubereitungszeit: 10 Minuten**
**Utensilien: 1-2 Schraubflaschen**
**Zutaten für 1,25 l**

200 g Weißweinessig

220 g Wasser

120 g Agavendicksaft, Honig oder Zucker

25 g Salz

2 TL Gewürzpaste für Gemüsebrühe

450 g Naturjoghurt, 3,5 % Fett

45 g Senf

140 g Rapsöl

1 TL Salatkräuter oder Kräuter der Provence, getrocknet

½ TL Dill, getrocknet oder 1 TL frischer Dill, gehackt

**1.** Gib als Erstes Essig, Wasser, Agavendicksaft, Salz und Gewürzpaste für Gemüsebrühe in den Mixtopf und koche die Zutaten 6 Minuten/ 120°C/ Stufe 1 ein.

**2.** Füge Joghurt, Senf, Rapsöl, Salatkräuter und Dill hinzu und vermische die Masse 10 Sekunden/ Stufe 6. Fülle das Dressing in Schraubflaschen ab und lagere es nach dem Abkühlen im Kühlschrank.

**mixtipp**

Das Dressing hält sich mehrere Wochen im Kühlschrank. Das Joghurtdressing ist auch ein gern gesehenes Mitbringsel.

| 1 Glas | 7 Min. | leicht |

# KNOBLAUCH-GRUNDSTOCK

**Zubereitungszeit: 7 Minuten**
**Utensilien: 1 Schraubglas**
**à 150 ml**
**Zutaten für 1 Schraubglas**

Zehen von 2 Knoblauchknollen

50 g Rapsöl

**1.** Gib die Knoblauchzehen in den Mixtopf und zerkleinere sie 10 Sekunden/ Stufe 8.

**2.** Füge das Öl hinzu und verrühre beides 7 Sekunden/ Stufe 4.

**3.** Zerkleinere die Masse nochmals 10 Sekunden/ Stufe 8. Fülle den fertigen Grundstock in ein Schraubglas und lagere ihn im Kühlschrank.

**mixtipp**

Mache die Paste auf keinen Fall mit Olivenöl. Verwende nur Raps- oder Sonnenblumenöl.

**mix**_tipp_

Ca. ¾ TL des Knoblauch-Grundstocks entspricht 1 Knoblauchzehe. Hält sich im Kühlschrank monatelang.

1 Glas | 25 Min. | leicht

# TAHINI-PASTE

**Zubereitungszeit: 25 Minuten**
**Utensilien: 1 beschichtete**
**Pfanne, 1 kleines Schraubglas**
**à 150 ml**
**Zutaten für 1 kleines**
**Schraubglas**

100 g Sesam (geschält oder ungeschält)

20 g leichtes Olivenöl oder Traubenkernöl

10 g geröstetes Sesamöl

1 Prise Salz

**1.** Röste den Sesam in 2-3 Portionen auf mittlerer Stufe auf dem Herd in einer Pfanne an und lass ihn anschließend abkühlen. Achte darauf, dass der Sesam nicht zu dunkel wird. Er brennt schnell an und wird dadurch bitter.

**2.** Gib den gerösteten und abgekühlten Sesam in den Mixtopf und mahle diesen 20 Sekunden/ Stufe 10. Schiebe die Reste mit dem Spatel nach unten.

**3.** Füge Olivenöl, Sesamöl und Salz hinzu und vermische die Zutaten 15 Sekunden/ Stufe 10. Schiebe die Reste wiederum mit einem Spatel nach unten und vermische nochmals alles 10 Sekunden/ Stufe 9.

**4.** Fülle die fertige Paste in ein sauberes Schraubglas und lagere sie im Kühlschrank.

**mix**tipp

Die Paste hält sich im Schraubglas mehrere Wochen im Kühlschrank.

**mix**tipp

Die Paste kann als Aufstrich oder Dip verwendet werden. Sie ist wichtiger Bestandteil von Hummus (s. S. 32), wird vorwiegend in Gerichten aus dem Vorderen Orient verwendet und besitzt einen leicht nussigen Geschmack.

**mix**_tipp_

Mit ungeschältem Sesam wird die Paste bitterer, enthält aber mehr Nährstoffe.

Tahini Paste

4-6 Portionen | 7 Min. | leicht

# HUMMUS

**Zubereitungszeit: 7 Minuten**
**Utensilien: 1 Saftpresse**
**Zutaten für 4-6 Portionen**

Saft von 1 Zitrone

55 g Tahini

½ TL Kreuzkümmelpulver

½ TL Knoblauchpaste oder
½ Knoblauchzehe

½ TL Salz

20 g Olivenöl

225 g Kichererbsen aus dem
Glas, gewaschen

200 g weiße Bohnen aus dem
Glas, gewaschen

**1.** Presse zunächst den Saft der Zitrone mit einer Saftpresse aus und fülle ihn in den Mixtopf. Füge Tahini hinzu und vermische die beiden Zutaten 30 Sekunden/ Stufe 6. Schiebe die Reste mit dem Spatel nach unten und schlage beides weitere 10 Sekunden/ Stufe 5 cremig. Schiebe die Reste wiederum mit dem Spatel nach unten.

**2.** Füge Kreuzkümmel, Knoblauch, Salz und Olivenöl hinzu, vermenge die Zutaten 10 Sekunden/ Stufe 5 und schiebe die Reste mit dem Spatel nach unten.

**3.** Zu guter Letzt gib noch die Kichererbsen und die Bohnen hinzu und zerkleinere die Masse 30 Sekunden/ Stufe 5. Schiebe die Reste nochmals mit dem Spatel nach unten und vermische die Zutaten wiederum 5 Sekunden/ Stufe 4.

m**tipp**

Das Hummus passt super zu Gemüsesticks, Baguette oder Nachos.

4 Portionen | 5 Min. | leicht

# HONIG-SENF-SAUCE

**Zubereitungszeit: 5 Minuten**
**Zutaten für 4 Burger-Brötchen**
**(s. S. 40) oder 2 Portionen Salat**

100 g Crème Fraîche

10 g Senf

10 g Honig

¼ TL Salz

3 Prisen Cayennepfeffer

1 Prise Curry

**1.** Gib Crème Fraîche, Senf, Honig, Salz, Cayenne-pfeffer und Curry in den Mixtopf und vermische die Zutaten 10 Sekunden/ Stufe 3.

**mix**tipp

Wem die Konsistenz als Dressing für Salat zu fest ist, der gibt einfach noch einen Löffel Joghurt hinzu.

6 Gläser    20 Min.    leicht

# PEPERONATA DOLCE

**Zubereitungszeit: 20 Minuten**
**Utensilien: 6 Schraubgläser**
**à 200 ml**
**Zutaten für 6 Schraubgläser**

450 g rote Paprika, in Stücken

1 Peperoni, rot, entkernt

200 g Orangensaft

150 g trockener Weißwein

½ TL Chiliflocken

100 g Wasser

500 g Gelierzucker 2:1

**1.**  Zerkleinere Paprika und Peperoni im Mixtopf 8 Sekunden/ Stufe 5 und schiebe die Stücke mit dem Spatel nach unten.

**2.**  Füge Orangensaft, Weißwein, Chiliflocken, Wasser und Gelierzucker hinzu und koche die Mischung 13 Minuten/ 100°C/ Stufe 1 ein. Püriere die Mischung anschließend 30 Sekunden/ Stufe 9.

**3.**  Führe eine Gelierprobe durch und fülle die Peperonata in heiß ausgespülte Schraubgläser. Stelle die Gläser für einige Minuten auf den Deckel, damit sich ein Vakuum bildet.

mix*tipp*

Die Peperonata passt super zu Käse, auch gut zu sehr kräftigen Käsesorten wie Gorgonzola oder Gruyère. Ich verfeinere manchmal Saucen damit (z.B. eine Sauce, die ich für Blätterteigschnecken anrühre). Sie ist auch ein tolles Mitbringsel.

# BROT & BRÖTCHEN

8 Brötchen | 1h 30 Min. | leicht

# BURGER-BRÖTCHEN

**Zubereitungszeit: 15 Minuten**
**Ruhezeit: 1 Stunde**
**Backzeit: 15 Minuten,**
**180°C Ober-/Unterhitze**
**Utensilien: 1 Backblech**
**Zutaten für 8 Brötchen**

170 g Wasser

42 g frische Hefe

35 g Honig

40 g Butter

2 Eiweiß, Größe M

1 TL Salz

455 g Weizenmehl

1 EL Wasser

Sesam zum Bestreuen

**1.** Gib 170 g Wasser, Hefe und Honig in den Mixtopf und löse die Hefe 2 Minuten/ 37°C/ Stufe 2 auf.

**2.** Füge Butter, 1 Eiweiß, Salz und Weizenmehl hinzu und verarbeite die Zutaten innerhalb von 2 Minuten/ Teigknetstufe zu einem Teig. Fülle den Teig anschließend in eine separate Schüssel um und lass ihn abgedeckt 30 Minuten an einem warmen Ort gehen.

**3.** Knete den Teig nach der Ruhezeit kurz durch und teile ihn in 8 Portionen. Forme die Portionen jeweils zu Kugeln. Das geht am besten durch Schleifen (siehe Video). Lege die Kugeln auf ein mit Backpapier belegtes Backblech. Lass die Teiglinge nun erneut 30 Minuten ruhen. Heize währenddessen den Ofen auf 180°C Ober-/Unterhitze vor.

**4.** Vermische das übrige Eiweiß mit 1 EL Wasser und streiche die Teiglinge damit ein. Bestreue sie abschließend mit Sesam.

**5.** Gib das Blech für ca. 15 Minuten/ 180°C Ober-/Unterhitze in den Ofen. Fertig!

**mixtipp**

Burger-Brötchen können super eingefroren und wieder aufgetaut werden. Toaste sie einfach nach dem Auftauen kurz auf dem Grill an.

Brötchen schleifen:

Video:

**mixtipp**

Wenn die Brötchen seitlich beim Backen aufbrechen, liegt es meistens an fehlender Unterhitze. Dann gib die Teiglinge auf ein schon vorgeheiztes Backblech.

**mixtipp**

Tolle Saucen zum Bestreichen sind die Currysauce und die Honig-Senf-Sauce.

1 Brot | 55 Min. | leicht

# EIWEISSBROT

**Zubereitungszeit: 5 Minuten**
**Backzeit: 50 Minuten/**
**200°C Ober-/Unterhitze**
**Utensilien: 1 Kastenform**
**(30 cm)**
**Zutaten für 1 Brot**

250 g Haferkleie

50 g Dinkelkleie

6 Eier, Größe S oder 5 Eier,
Größe M/L

500 g Magerquark

1 ½ TL Salz

2 TL Leinsamen

2 TL Sesam

2 TL Chiasamen

3 TL Sonnenblumenkerne

1 Päckchen Backpulver

**1.** Heize den Backofen auf 200°C Ober-/Unterhitze
vor.

**2.** Gib Haferkleie, Dinkelkleie, Eier, Magerquark, Salz,
Leinsamen, Sesam, Chiasamen, Sonnenblumenkerne
und Backpulver in den Mixtopf und vermische die
Zutaten 1 Minute/ Stufe 3.

**3.** Fülle den Teig in eine gefettete Kastenform und
backe das Brot 50 Minuten/ 200°C Ober-/Unterhitze.
Mache anschließend eine Stäbchenprobe. Bleibt noch
Teig an dem Stäbchen hängen, backe es noch ein
wenig länger.

**4.** Lass es anschließend komplett auskühlen und
schneide es in Scheiben.

**mixtipp**

Bei Kleie handelt es sich um die
Schalen der Getreidekörner,
die beim Mahlen von Getreide
übrig bleiben. Sie ist reich an
Ballaststoffen und wird oft für Müsli,
Brote oder Knäckebrot verwendet.
Kleie erhältst du in Bioläden und
gut sortierten Drogerie-
und Supermärkten.

1 Brot | 60-65 Min. | leicht

# TOMATENBROT

**Zubereitungszeit:** 5 Minuten
**Ruhezeit:** 30 Minuten
**Backzeit:** 25-30 Minuten,
180°C Umluft oder 30 Minuten,
230°C Ober-/Unterhitze
**Utensilien:** 1 Kastenform
(35 cm) oder 1 Zaubermeister
(Backform von
The Pampered Chef)
**Zutaten für 1 Brot**

---

650 g Mehl

---

400 g passierte Tomaten

---

10 g Salz

---

5 g Zucker

---

25 g Olivenöl

---

1 TL Oregano

---

1 TL Basilikum

---

30 g frische Hefe

---

1 EL Wasser

---

etwas Olivenöl zum Fetten
der Form

---

1. Gib Mehl, passierte Tomaten, Salz, Zucker, Olivenöl, Oregano, Basilikum und Hefe in den Mixtopf und verarbeite die Zutaten 2 Minuten/ Teigknetstufe zu einem Teig.

2. Forme den Teig kurz zu einem länglichen Laib und lege ihn in eine gut mit Olivenöl gefettete Kastenform. Lass den Teig 30 Minuten abgedeckt an einem warmen Ort gehen. Heize den Ofen auf 180°C Umluft vor.

3. Schneide den Teig anschließend 4 Mal schräg ein und bestreiche ihn mit Wasser, damit die Kruste schön knackig wird.

4. Backe das Brot im Ofen ca. 25-30 Minuten/ 180°C Umluft. Wenn das Brot im Zaubermeister gebacken wird, dann gib es für ca. 30 Minuten in den vorgeheizten Backofen und backe es bei 230°C Ober-/ Unterhitze.

10-12 Brötchen |  10h 30 Min. |  leicht

# DINKEL-ROGGEN-BÜRLI

**Zubereitungszeit:** 10 Minuten
**Ruhezeit:** 10 Stunden
**Backzeit:** 20 Minuten,
230°C Umluft
**Utensilien:** 1 große Schüssel,
1 Backblech
**Zutaten für 10-12 Brötchen**

300 g Weizenkörner oder -mehl

100 g Dinkelkörner oder -mehl

100 g Roggenkörner oder -mehl

20 g frische Hefe

345 g lauwarmes Wasser

1 ½ TL Salz

Olivenöl zum Einfetten

**1.** Gib 250 g Weizenkörner in den Mixtopf, mahle sie 1 Minute/ Stufe 10 und fülle sie anschließend um. Mahle die restlichen Weizenkörner zusammen mit den Dinkel- und Roggenkörnern im Mixtopf 1 Minute/ Stufe 10.

**2.** Füge den bereits gemahlenen Weizen, die Hefe, das Wasser und das Salz hinzu und verarbeite die Zutaten 3 Minuten/ Teigknetstufe zu einem Teig.

**3.** Fülle den Teig in eine mit Olivenöl geölte, große Schüssel, decke sie mit Frischhaltefolie ab und stelle sie über Nacht in den Kühlschrank (mind. 10 Std.).

**4.** Heize am nächsten Tag den Backofen auf 230°C Umluft vor und lege ein Backblech mit Backpapier aus.

**5.** Streue etwas Mehl über den Teig und steche 10-12 Portionen ab. Verteile die Teighäufchen auf das Backblech, sie müssen nicht mehr geformt werden.

**6.** Backe die Brötchen anschließend im Ofen ca. 20 Minuten/ 230°C Umluft, bis sie richtig kross sind.

**mixtipp**

Setze die Teiglinge in eine Mischung aus Mohn, Sesam, Haferflocken und Sonnenblumenkernen. Bestreue in diesem Fall den Teig vorher nicht mit Mehl. Die Sonnenblumenkerne halten sonst nicht gut.

## mixtipp

Achte darauf, dass die Hefe nicht direkt mit dem Salz bestreut wird, da sich ansonsten die Poren der Hefe verschließen und diese nicht mehr richtig arbeiten kann.

16 Hörnchen | 30 Min. | mittel

# KÄSE-SCHINKEN-HÖRNCHEN

**Zubereitungszeit: 15 Minuten**
**Backzeit: 15 Minuten,**
**180°C Umluft**
**Utensilien: 2 Backbleche**
**Zutaten für 16 Mini-Hörnchen**

100 g Milch

25 g frische Hefe

5 g Zucker oder Honig

50 g Sahne

300 g Weizenmehl

5 g Salz

50 g Walnussöl oder anderes, neutrales Öl

1 Eigelb (optional), Größe M

einige Scheiben Käse

einige Scheiben Kochschinken oder Schinkenwürfel

**1.** Gib zunächst die Milch, die zerbröselte Hefe und den Zucker oder den Honig in den Mixtopf und löse alles 2 Minuten/ 37°C/ Stufe 1 auf.

**2.** Füge Sahne, Mehl, Salz und Öl hinzu und verarbeite die Zutaten 2 Minuten/ Teigknetstufe zu einem Teig. Heize währenddessen den Backofen auf 180°C Umluft vor.

**3.** Gib den Teig auf eine Arbeitsfläche und knete ihn kurz durch. Teile ihn anschließend in zwei Teile und rolle diese jeweils wie eine Pizza kreisrund, ca. 38 cm Ø, aus, sodass der Teig schön dünn ist, ca. 2 mm.

**4.** Nun achtelst du die Teigteile jeweils mit einem Pizzaschneider und belegst die Stücke mit Schinken und Käse T-förmig, damit die Füllung schon relativ nah an den Enden ist.

**5.** Anschließend rollst du die einzelnen Stücke von der breiten Seite zur schmalen Seite hin auf, drückst die Enden zusammen, legst sie auf zwei mit Backpapier belegte Backbleche und bepinselst sie mit dem Eigelb.

**6.** Backe die Hörnchen im Backofen ca. 15 Minuten/ 180°C Umluft, bis die Oberfläche leicht braun ist, damit sie nicht zu hart werden.

**mix*tipp***

Die Hörnchen schmecken auch kalt sehr lecker.

| 1 Brot | 1h | leicht |

# DINKELBROT RUCK-ZUCK

**Zubereitungszeit: 10 Minuten**
**Backzeit: 50 Minuten,**
**180°C Umluft oder 50 Minuten,**
**220°C Ober-/Unterhitze**
**Utensilien: 1 Kastenform**
**(35 cm) oder 1 Zaubermeister**
**(Backform von The Pampered**
**Chef)**
**Zutaten für 1 Brot**

500 g Dinkel

50 g Karotte (optional)

1 Würfel Hefe (42 g)

500 g Wasser, lauwarm

10 g Salz

150 g Sonnenblumenkerne

20 g Leinsamen

Haferflocken zum Bestreuen

Öl zum Fetten für die Form

**mixtipp**

Anstelle von 150 g Sonnenblumenkernen kannst du auch 100 g Sonnenblumenkerne und 50 g Walnuss-, Kürbis- oder Cashewkerne nehmen.

**1.** Als Erstes heizt du den Backofen auf 180°C Umluft vor, wenn du eine Kastenform benutzt oder 220°C Ober-/Unterhitze, wenn du den Zaubermeister verwendest.

**2.** Gib nacheinander je 250 g Dinkel in den Mixtopf, mahle ihn 1 Minute/ Stufe 10 und fülle den Dinkel anschließend in eine separate Schüssel um.

**3.** Gib nun die Karotte in den Mixtopf und zerkleinere sie 3 Sekunden/ Stufe 5. Fülle die Stückchen in eine separate Schale um.

**4.** Fülle die Hefe mit dem Wasser in den Mixtopf und löse diese 2 Minuten/ 37°C/ Stufe 1 auf.

**5.** Füge Dinkelmehl, Karottenstückchen, Salz, Sonnenblumenkerne und Leinsamen hinzu und verarbeite die Masse 2 Minuten/ Teigknetstufe zu einem Teig.

**6.** Fette eine Kastenform ein und streue sie mit Haferflocken aus. Halte einige Haferflocken zurück, die du gleich auf den Teig streuen kannst. Fülle den eher flüssigen Teig in die Kastenform oder den gefetteten Zaubermeister und verteile die restlichen Haferflocken auf dem Teig. Backe das Brot 50 Minuten/ 180°C Umluft. Im Zaubermeister backst du das Brot 50 Minuten/ 220°C Ober-/Unterhitze.

 8-16 Brötchen |  40 Min. |  mittel

# LAUGENBRÖTCHEN

Hier ein Video
zu Laugenbrezeln

**Zubereitungszeit: 10 Minuten**
**Backzeit: 30 Minuten,**
**180°C Umluft**
**Utensilien: 1 Backblech,**
**1 großer Topf**
**Zutaten für 8-16 Brötchen**

240 g Wasser, lauwarm

20 g frische Hefe

1 ½ TL Salz

1 Prise Zucker

50 g Butter

500 g Mehl

Hagelsalz, nach Belieben, zum Bestreuen

Käse, nach Belieben, zum Bestreuen

**Für die Natronlauge:**

1000 g kochendes Wasser

50 g Natron (z.B. Kaisernatron)

**1.** Gib als Erstes Wasser, Hefe, Salz und Zucker in den Mixtopf und löse die Hefe 2 Minuten /37°C /Stufe 1 auf. Lege währenddessen ein Backblech mit Backpapier aus.

**2.** Füge Butter und Mehl hinzu und verarbeite die Zutaten 2 Minuten/ Teigknetstufe zu einem Teig.

**3.** Forme aus dem Teig 8 bis 16 Kugeln. Bringe währenddessen Wasser in einem großen Topf zum Kochen und schütte das Natron dazu.

**4.** Gib die Teigkugeln für ca. 30 Sekunden in das Wasser-Natron-Gemisch, nimm sie anschließend mit einem Schaumlöffel heraus und lege sie auf das vorbereitete Blech.

**5.** Schneide die Teigkugeln nach Belieben ein, bestreue sie mit Hagelsalz oder belege sie mit Käse.

**6.** Gib das Blech zu guter Letzt für ca. 30 Minuten/ 180°C Umluft oder 200°C Ober-/Unterhitze ohne Vorheizen auf mittlerer Schiene in den Backofen.

mix**tipp**

Schmeckt toll zu
Weißwurst, Obatzda
oder Fleischwurstsalat.

# HAUPTGERICHTE

4-5 Portionen | 60 Min. | mittel

# ZARTE KOHLROULADEN

**Zubereitungszeit: 60 Minuten**
**Zutaten für 4-5 Portionen**

10 Wirsingblätter,
vom Strunk befreit

1 Zwiebel, halbiert

500 g Hackfleisch,
nach Belieben

2 Eier, Größe M

100 g Paniermehl

2 EL Petersilie

5 g Salz

½ TL Paprika edelsüß

Pfeffer, nach Belieben

500 g Wasser

2 TL Gemüsebrühpulver

750 g Kartoffeln, geschält,
in Würfeln

40 g dunkler Saucenbinder

Worcestersauce, nach Belieben

**1.** Weiche als Erstes die Kohlblätter in ca. 1 Liter kochendem Wasser in einer Schüssel ca. 5 Minuten ein, so sind sie leichter zu verarbeiten.

**2.** Währenddessen zerkleinerst du die Zwiebel im Mixtopf 3 Sekunden/ Stufe 5 und schiebst die Stücke mit dem Spatel nach unten.

**3.** Füge nun Hackfleisch, Eier, Paniermehl, Petersilie, Salz, Paprika und Pfeffer hinzu und vermische alle Zutaten 20 Sekunden/ Stufe 4. Aus der Hackmasse formst du 10 Hackklöße, befüllst damit die Kohlblätter und umwickelst sie zu Rouladen.

**4.** Reinige den Mixtopf gründlich und gieße das Wasser mit dem Gemüsebrühpulver hinein. Setze das Garkörbchen in den Mixtopf ein und befülle es mit der Hälfte der Rouladen.

**5.** Fülle die restlichen Rouladen in den Varoma und setze diesen auf den Deckel. Die Kartoffeln gibst du in den Varoma-Einlegeboden und setzt diesen ein. Verschließe den Varoma und lass alles 35 Minuten/ Varoma/ Stufe 1 garen.

**6.** Anschließend parkst du den geschlossenen Varoma und den Gareinsatz jeweils auf einem flachen Teller und deckst die Rouladen gegebenenfalls mit einem Küchentuch ab.

**7.** Für die Sauce füllst du den Garsud im Mixtopf auf ca. 400 ml mit Wasser auf, fügst Saucenbinder und Worcestersauce hinzu und erhitzt die Sauce 3 Minuten/ 100°C / Stufe 3. Schmecke die Sauce bei Bedarf mit etwas Gewürzpaste für Gemüsebrühe ab.

4 Portionen | 25 Min. | leicht

# CHICKEN TIKKA MASALA

**Zubereitungszeit: 25 Minuten**
**Zutaten für 4 Portionen**

1 Knoblauchzehe, alternativ
¾ TL Knoblauchpaste

1 Chilischote

40 g Tomatenmark

30 g Olivenöl

2 Prisen Korianderpulver

½ TL Salz

2 Prisen Pfeffer

2 Prisen Piment, nach Belieben

1 Prise Nelkenpulver

1 knapper TL selbstgemachte
Gewürzpaste für Gemüsebrühe
oder ½ Brühwürfel

500 g Hähnchenfleisch, in
groben Stücken

300 g Naturjoghurt, 3,5 % Fett

100 g Tomaten, in Würfeln

200 g Zucchini, in Würfeln

**1.** Zerkleinere Knoblauch mit Chili, Tomatenmark, Öl, Korianderpulver, Salz, Pfeffer, Piment, Nelkenpulver und Gewürzpaste im Mixtopf 3 Sekunden/ Stufe 7 und schiebe die Stücke mit dem Spatel nach unten.

**2.** Füge dann Hähnchenfleischstücke, Joghurt und Tomatenwürfel hinzu und koche die Mischung 15 Minuten/ 100°C/ Linkslauf/ Sanftrührstufe.

**3.** Als Nächstes gibst du die Zucchini hinzu und kochst alles weitere 5 Minuten/ 100°C/ Linkslauf/ Sanftrührstufe.

**mix**tipp

Das Chicken Tikka Masala schmeckt sehr gut zu Reis.

2-4 Portionen | 20 Min. | mittel

# BALSAMICO-LINSEN

**Zubereitungszeit: 20 Minuten**
**Zutaten für 2 Portionen als**
**Hauptgericht, für 3-4 Portionen**
**als Beilage**

150 g Möhren, geschält,
in groben Stücken

1 Chilischote (Schärfe nach
persönlichem Geschmack)

100 g Zwiebel, halbiert

75-100 g Schinkenwürfel

30 g Kokosöl

ca. 750 g rote Linsen aus
der Dose oder dem Glas

1 ½ TL Salz

4 Prisen Pfeffer

20 g Balsamicoessig

**1.** Zerkleinere als Erstes Möhren, Chili und Zwiebel im Mixtopf 4 Sekunden/ Stufe 5 und schiebe die Stücke mit dem Spatel nach unten.

**2.** Füge Schinkenwürfel und Kokosöl hinzu und dünste alles 5 Minuten/ 120°C/ Linkslauf/ Stufe 2.

**3.** Gib den kompletten Inhalt der Glas- bzw. Dosenlinsen, Salz, Pfeffer und Balsamico in den Mixtopf hinzu und koche die Mischung 6,5 Minuten/ 100°C/ Linkslauf/ Stufe 2.

**4.** Gib dann die Petersilie dazu und rühre sie 10 Sekunden/ Linkslauf/ Stufe 2 ein.

**5.** Nun kannst du die Linsen servieren.

**mixtipp**

Die Linsen schmecken auch sehr gut als Beilage zu Kartoffeln oder Reis.

4 Portionen |  10 Min. |  leicht

# SPAGHETTI MIT PILZSAUCE

**Zubereitungszeit: 10 Minuten**
**Utensilien: 1 Kochtopf**
**Zutaten für 4 Portionen**

440 g Spaghetti

1 Zwiebel, halbiert

1 Knoblauchzehe

20 g Butter oder Olivenöl

300 g Champignons, geputzt

160 g Schmand

260 g Wasser

2 TL Gewürzpaste für Gemüsebrühe

einige Spritzer Sojasauce

½ TL Pfeffer

**1.** Als Erstes kochst du die Spaghetti in einem Kochtopf nach Packungsanweisung und bereitest währenddessen die Sauce zu.

**2.** Dafür zerkleinerst du Zwiebel und Knoblauch im Mixtopf 3 Sekunden/ Stufe 5 und schiebst die Stücke mit dem Spatel nach unten.

**3.** Gib Butter bzw. Öl hinzu und dünste die Zwiebel-Knoblauch-Stücke 2 Minuten 30 Sekunden/ Varoma/ Stufe 2 an.

**4.** Füge dann die Pilze hinzu und zerkleinere sie 3 Sekunden/ Stufe 5. Koche sie anschließend 2 Minuten/ 100°C/ Stufe 1.

**5.** Als Nächstes gibst du Schmand, Wasser, Gewürzpaste, Sojasauce und Pfeffer hinzu und lässt die Sauce 3 Minuten/ 90°C/ Stufe 1 köcheln. Püriere die Sauce anschließend 20 Sekunden/ Stufe 8 und schmecke sie gegebenenfalls mit Sojasauce ab. Rühre diese dann kurz auf Stufe 3 unter.

**6.** Nun kannst du die Spaghetti mit der Pilzsauce zusammen anrichten.

mix*tipp*
Die Sauce schmeckt auch lecker zu Kartoffeln.

2 Portionen | 15 Min. | leicht

# CHAMPIGNONS MIT KNOBLAUCH (BEILAGE)

**Zubereitungszeit: 15 Minuten**
**Zutaten für 2 Portionen**

10 Stängel abgezupfte Petersilie

1-2 Knoblauchzehen

400 g Champignons, geputzt, in Scheiben oder geviertelt

50 g Olivenöl

1 Prise Cayennepfeffer

½ TL Salz

3 Prisen Pfeffer

**1.** Zerkleinere Petersilie und Knoblauch im Mixtopf 4 Sekunden/ Stufe 5 und schiebe die Stücke mit dem Spatel nach unten.

**2.** Setze den Schmetterling ein und füge Champignons, Öl, Cayennepfeffer, Salz und Pfeffer hinzu. Koche die Mischung nun 12 Minuten/ 120°C/ Linkslauf/ Sanftrührstufe.

4 Portionen | 35 Min. | leicht

# MEGACREMIGES KARTOFFELPÜREE

**Zubereitungszeit: 35 Minuten**
**Zutaten für 4 Portionen**
**als Beilage**

---

550 g mehlig kochende
Kartoffeln, geschält, in groben
Stücken

---

150 g Süßkartoffeln, geschält,
in groben Stücken

---

500 g Wasser

---

70 g Milch

---

40 g Sahne

---

5 g Salz

---

25 g Butter

---

1 Prise Muskat

---

**1.** Schäle zu Beginn die Kartoffeln und Süßkartoffeln und schneide sie in grobe Stücke.

**2.** Gieße 500 g Wasser in den Mixtopf und setze das Garkörbchen ein. Wiege die Kartoffeln und Süßkartoffeln ein und gare sie 30 Minuten/ Varoma/ Stufe 1.

**3.** Entnehme das Garkörbchen vorsichtig mit dem Spatel und leere den Mixtopf.

**4.** Erhitze nun Milch und Sahne im Mixtopf 2 Minuten 30 Sekunden/ 95°C/ Stufe 2 und füge Kartoffeln, Süßkartoffeln, Salz, Butter und Muskat hinzu. Püriere alles 20 Sekunden/ Stufe 5 zu einem cremigen Püree. Schmecke das Püree nochmal mit Salz und Muskat ab. Fertig!

4-5 Portionen

30 Min.

leicht

# FISCHCURRY

**Zubereitungszeit: 30 Minuten**
**Zutaten für 4-5 Portionen**

150 g Zwiebel

380 g Möhren, in Stücken

20 g Kokosöl

120 g Porree, in Ringen

3 TL Curry, mild

100 g Wasser

400 g Kokosmilch

5 g Salz

½ TL Pfeffer

500 g Seelachsfilet oder
Seehechtfilet, frisch oder TK,
aufgetaut, in 2-3 cm Würfeln

**1.** Als Erstes zerkleinerst du Zwiebel und Möhren im Mixtopf 5 Sekunden/ Stufe 5 und schiebst die Stücke mit dem Spatel nach unten.

**2.** Gib nun Kokosöl, Porree und Curry dazu und dünste die Mischung 3 Minuten/ Varoma/ Linkslauf/ Stufe 1.

**3.** Füge dann Wasser, Kokosmilch, Salz und Pfeffer hinzu und lass die Mischung 10 Minuten/ 100°C/ Linkslauf/ Stufe 1 kochen.

**4.** Nun kannst du auch den Fisch dazugeben und ihn 6 Minuten/ 90°C/ Linkslauf/ Sanftrührstufe garen. Schmecke das Curry nochmal ab und serviere es z.B. mit Basmatireis (ca. 65 g pro Person).

2 Portionen | 20 Min. | leicht

# THAI CURRY NUDELN

**Zubereitungszeit: 20 Minuten**
**Utensilien: 1 Pfanne**
**Zutaten für 2 Portionen**

30 g Kokosöl

1 gelbe Paprikaschote, entkernt, in 5 mm Streifen

1 rote Paprikaschote, entkernt, in 5 mm Streifen

120 g Zuckerschoten, in ca. 5 cm Stücken

65 g rote Thai Curry Paste

400 g Kokosmilch

200 g Eiernudeln (ich nehme die chinesischen, die in 3 Minuten fertig sind)

2 EL Sesamsamen

20 g Sojasauce

10 g Limettensaft

**1.** Erhitze das Kokosöl im Mixtopf 2 Minuten/ Varoma/ Stufe 1.

**2.** Füge die Paprikastreifen hinzu und dünste sie 3 Minuten/ Varoma/ Linkslauf/ Stufe 1.

**3.** Als Nächstes gibst du Zuckerschoten und Thai Curry Paste hinzu und garst alles 3 Minuten 30 Sekunden/ Varoma/ Linkslauf/ Stufe 1.

**4.** Nun fügst du Kokosmilch und Nudeln hinzu und kochst alles weitere 3 Minuten 30 Sekunden/ 100°C/ Linkslauf/ Stufe 1.

**5.** Währenddessen röstest du den Sesam in einer Pfanne auf mittlerer Hitze goldbraun an.

**6.** Schmecke die Mischung mit Sojasauce und Limettensaft ab und vermische alles 10 Sekunden/ Linkslauf/ Stufe 1.

**7.** Nun kannst du die Thai Curry Nudeln zusammen mit dem Sesam servieren.

mix**tipp**

Wer mag, zerkleinert als ersten Schritt 10 g Koriander und streut ihn vor dem Essen über die Nudeln.

4 Portionen | 55 Min. | mittel

# GEFÜLLTE SCHWEINELENDE

**Zubereitungszeit: 55 Minuten**
**Zutaten für 4 Portionen**

---

500 g Schweinelende

---

230 g getrocknete Pflaumen, entsteint

---

Salz, nach Belieben

---

Pfeffer, nach Belieben

---

130 g Zwiebel, halbiert

---

1 Würfel Hühnerbrühe oder 1 geh. TL Gewürzpaste für Hühnerbrühe

---

2 Knoblauchzehen

---

2 TL Tomatenmark

---

600 g Wasser

---

500 g Kartoffeln, geviertelt

---

**1.** Schneide mit einem langen Messer der Länge nach ein Loch in die Mitte der Schweinelende und fülle diese mit Trockenpflaumen. Reserviere 30 g Trockenpflaumen für die Sauce.

**2.** Würze die Schweinelende mit Salz und Pfeffer und wickle sie in hitzebeständige Frischhaltefolie oder lege sie in einen Bratschlauch. Lege die eingewickelte Schweinelende dann in den Varoma.

**3.** Zerkleinere nun Zwiebel, Brühwürfel oder -paste, Knoblauch, Tomatenmark und 30 g getrocknete Pflaumen im Mixtopf 5 Sekunden/ Stufe 5 und schiebe die Stücke mit dem Spatel nach unten.

**4.** Gib 600 g Wasser dazu, setze das Garkörbchen ein und wiege die Kartoffeln darin ein. Setze den Varoma mit der Schweinelende auf und lass alles 45 Minuten/ Varoma/ Stufe 1 garen.

**5.** Stelle anschließend den Varoma vorsichtig zur Seite auf einen flachen Teller und wickle die Schweinelende vorsichtig aus. Schneide diese dann in ca. 2 cm dicke Scheiben und entnehme das Garkörbchen mit dem Spatel.

**6.** Püriere die Sauce im Mixtopf 10 Sekunden/ Stufe 9 und schmecke sie nochmal ab. Nun kannst du alles auf Tellern anrichten und servieren.

1 Blech | 1h 20 Min. | leicht

# CHIA-PIZZA

**Zubereitungszeit: 15 Minuten**
**Ruhezeit: 45 Minuten**
**Backzeit: ca. 20 Minuten, 220°C**
**Ober-/Unterhitze**
**Utensilien: 1 Backblech**
**Zutaten für 1 Blech**

**Für den Teig:**

| |
|---|
| 50 g Chiasamen |
| 145 g Buchweizen |
| 195 g Wasser |
| 25 g frische Hefe |
| Honig, nach Belieben |
| 5 g Salz |
| 25 g Kokosöl |
| 195 g Dinkelmehl, Type 630 |

**Für den Belag, nach Belieben:**

| |
|---|
| 150 g passierte Tomaten |
| 60 g Schinken |
| 35-40 g Champignons |
| 2-3 Prisen Salz |
| etwas Olivenöl |
| ca. 1 TL Basilikum, getrocknet |
| ca. 1 TL Oregano, getrocknet |
| 200 g Emmentaler, in Stücken |

1. Zerkleinere als Erstes die Chiasamen im Mixtopf 30 Sekunden/ Stufe 10 und fülle sie in eine separate Schale um.

2. Als Nächstes zerkleinerst du den Buchweizen im Mixtopf 30 Sekunden/ Stufe 10 und füllst diesen zu den gemahlenen Chiasamen.

3. Gib nun Wasser, Hefe und einen kleinen Klecks Honig in den Mixtopf und verrühre alles 1 Minute 30 Sekunden/ 37°C/ Stufe 2.

4. Füge die gemahlenen Chiasamen und Buchweizen, Salz, Kokosöl und Dinkelmehl hinzu und verarbeite alles 2 Minuten/ Teigknetstufe zu einem Teig. Fülle den Teig anschließend in eine Schüssel und lass ihn abgedeckt für 45 Minuten an einem warmen Ort gehen. Währenddessen heizt du den Backofen auf 220°C Ober-/Unterhitze vor.

5. Nach der Ruhezeit rollst du den Teig auf einem gefetteten Backblech mit dem Teigroller aus und belegst ihn nach Belieben, z.B. mit passierten Tomaten, Schinken, Champignons, Basilikum, Oregano und würzt ihn mit Salz.

6. Zu guter Letzt zerkleinerst du den Emmentaler im gereinigten Mixtopf 6 Sekunden/ Stufe 8 und verteilst diesen ebenfalls auf dem Teig.

7. Backe die Pizza auf unterster Schiene im vorgeheizten Backofen ca. 20 Minuten/ 220°C Ober-/Unterhitze knusprig.

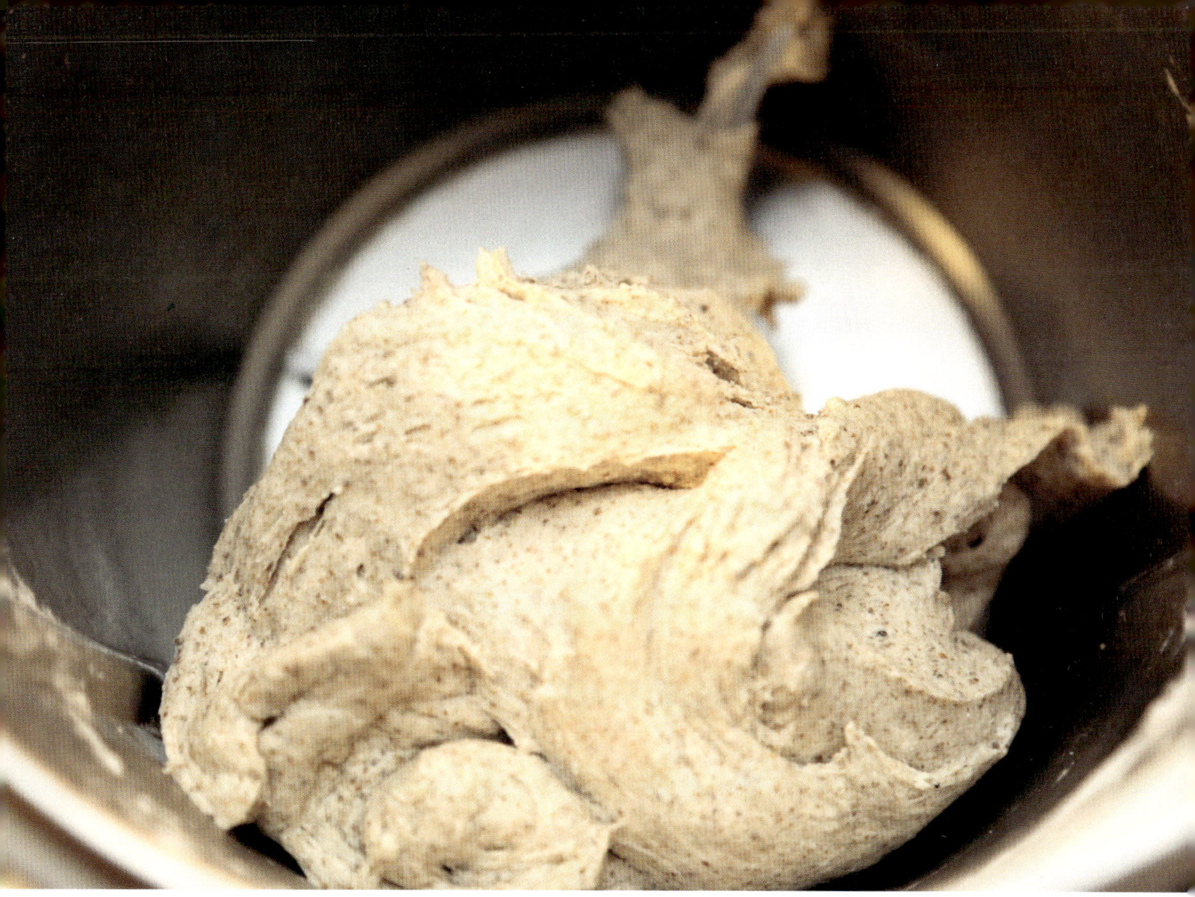

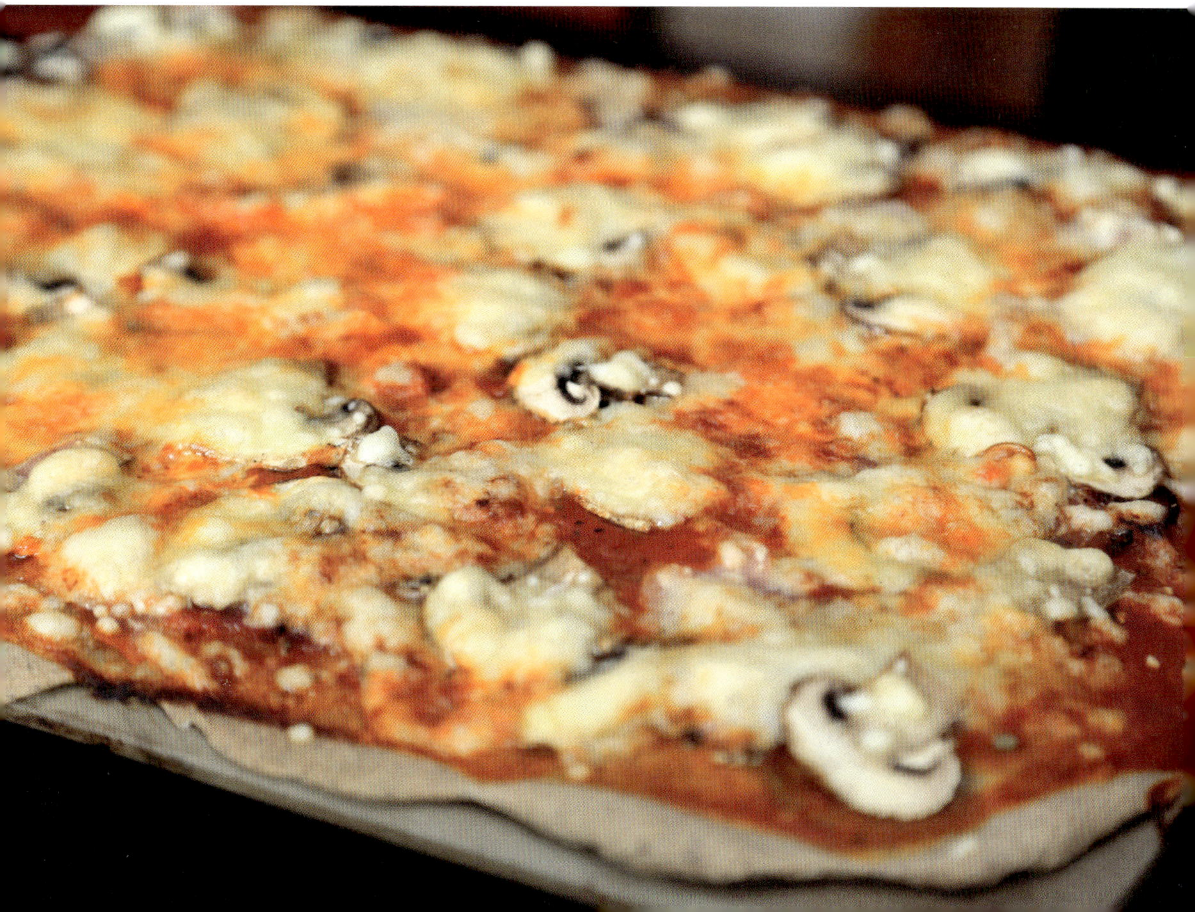

# SÜSSES

| 1 Kuchen | 35 Min. | leicht |

# MANDELKUCHEN

**Zubereitungszeit: 5 Minuten**
**Backzeit: 30 Minuten,**
**160°C Umluft**
**Utensilien: 1 große**
**Gugelhupfform**
**Zutaten für 1 Gugelhupf**

300 g „Mandelbrei" aus 200 g
Mandeln, gut ausgewrungen
(s. S.120)

120 g Kokosblütenzucker

110 g Sahne oder Hafersahne

180 g Dinkelmehl, Type 630

3 Eier, Größe M

1 Päckchen Backpulver

**1.** Heize den Backofen auf 160°C Umluft vor.

**2.** Gib den Mandelbrei, den Zucker, die Sahne, das Dinkelmehl und die Eier in den Mixtopf und verrühre die Zutaten 1 Minute/ Stufe 5.

**3.** Füge das Backpulver durch die Deckelöffnung hinzu und rühre es 10 Sekunden/ Stufe 4 unter.

**4.** Fülle den Teig in eine große, gefettete Gugelhupfform und backe den Kuchen ca. 30 Minuten/ 160°C Umluft im vorgeheizten Backofen.

**mixtipp**

Wer keinen Koksblütenzucker verwenden mag, kann ihn einfach im gleichen Verhältnis durch braunen oder weißen Zucker ersetzen.

12 Muffins | 30 Min. | leicht

# MANDEL-KOKOS-MUFFINS

**Zubereitungszeit: 5 Minuten**
**Backzeit: 25 Minuten,**
**200°C Ober-/Unterhitze**
**Utensilien: 1 Muffinblech**
**Zutaten für 12 Muffins**

2 reife Bananen

1 TL Vanillezucker

4 Eier, Größe M

100 g Mandelmehl aus der
Herstellung der Mandelmilch
(s. S. 120)

30 g Kokosflocken

2 TL Zimt

1 EL Weinsteinbackpulver

40 g Kokosöl

100 g Heidelbeeren

Zimt-Puderzuckermischung,
nach Bedarf

**1.** Heize als Erstes den Backofen auf 200°C Ober-/
Unterhitze vor.

**2.** Gib Bananen, Vanillezucker, Eier, Mandelmehl,
Kokosflocken, Zimt, Weinsteinbackpulver, Kokosöl und
Heidelbeeren in den Mixtopf und vermische die Zuta-
ten 20 Sekunden/ Stufe 4.

**3.** Verteile jeweils ca. 5 Heidelbeeren in die Mulden
des Muffinblechs, gib den Teig gleichmäßig in die
Mulden und backe die Muffins auf mittlerer Schiene
ca. 25 Minuten/ 200°C Ober-/Unterhitze.

**4.** Lass die Muffins anschließend aus der Form auf
das Kuchengitter gleiten und lass sie dort auskühlen. Bestreue bei Bedarf die fertigen Muffins mit der
Zimt-Puderzuckermischung.

1 Blech | 40 Min. | mittel

# DINKEL-SPEKULATIUS-PLÄTZCHEN

**Zubereitungszeit: 15 Minuten**
**Backzeit: 25 Minuten,**
**150°C Ober-/Unterhitze**
**Utensilien: 1 Backblech oder**
**1 großer Ofenzauberer**
**(Backform von The Pampered Chef)**
**Zutaten für 1 Blech**

---

75 g Walnüsse

75 g Haselnüsse

130 g Butter, in Stücken

150 g weiße Schokolade, in Stücken

110 g brauner Rohrzucker

1 Päckchen Vanillinzucker

1 Prise Salz

2 Eier, Größe M

135 g Dinkelmehl, Type 630

2 TL Spekulatiusgewürz

---

**Zum Verzieren:**

---

100 g weiße Schokolade

---

**1.** Heize als Erstes den Backofen auf 150°C Ober-/Unterhitze vor, lege ein Backblech mit Backpapier aus oder fette den Ofenzauberer mit Kokosöl ein.

**2.** Gib Walnüsse und Haselnüsse in den Mixtopf und hacke sie grob 5 Sekunden/ Stufe 5. Fülle sie anschließend in eine separate Schüssel um.

**3.** Fülle nun die Butter und 150 g Schokolade in den Mixtopf, schmilz beides 3 Minuten 30 Sekunden/ 50°C/ Stufe 2 und gib die Mischung in eine separate Schale.

**4.** Gib Zucker, Vanillinzucker, Salz und Eier in den Mixtopf und verrühre die Zutaten 1 Minute/ Stufe 4.

**5.** Füge Mehl und Spekulatiusgewürz hinzu und rühre beides 10 Sekunden/ Stufe 4 unter.

**6.** Gib die beiseite gestellten Nüsse und die Schokobutter hinzu und rühre beides 20 Sekunden/ Linkslauf/ Stufe 3 unter. Streiche den Teig auf das vorbereitete Backblech und backe ihn 25 Minuten/ 150°C Ober-/Unterhitze.

**7.** Schneide den Teig nach dem Backen noch heiß in Rauten. Dafür schneidest du den Teig von der Querseite zunächst in 10 Streifen (à 3 cm) und dann von der Längsseite schräg in 6 Streifen (à 6,6 cm), sodass Rauten entstehen. Lass den Teig anschließend abkühlen und spüle den Mixtopf aus. Im großen Ofenzauberer lässt du den Teig nur noch einige Minuten lang abkühlen, dann entnimmst du die Rauten mittels eines Servierhebers und lässt sie auf dem Kuchengitter vollständig auskühlen.

**8.** Gib 100 g Schokolade in den Mixtopf, zerkleinere sie 10 Sekunden/ Stufe 7 und schiebe die Stücke mit dem Spatel nach unten. Schmilz die Schokolade 3 Minuten/ 50°C / Stufe 2 und sprenkele die Schokolade anschließend mit einem Teelöffel über die Rauten.

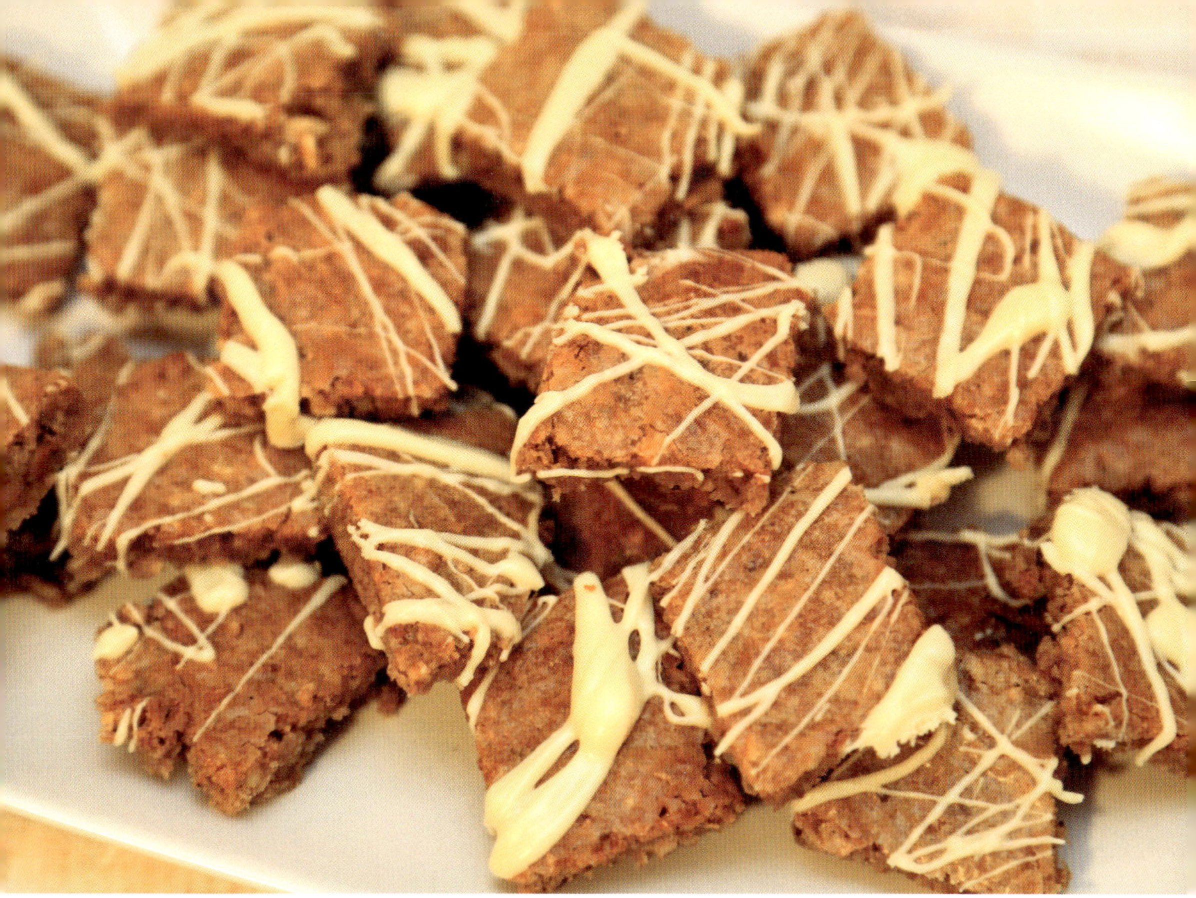
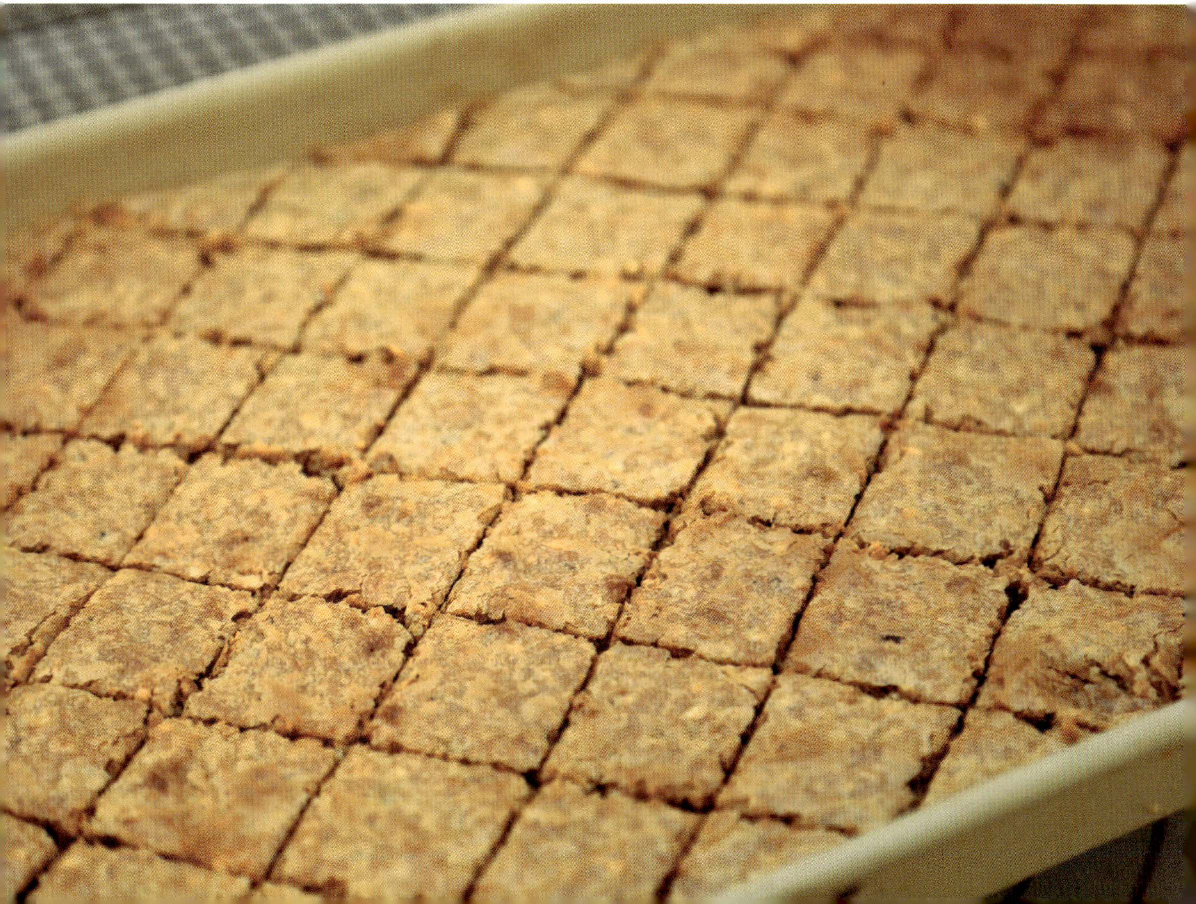

1 Blech | 4h 15 Min.-4h 20 Min. | leicht

# FANTA-SCHMANDKUCHEN

**Zubereitungszeit:** 15 Minuten
**Backzeit:** 20-25 Minuten, 180°C
Ober-/Unterhitze
**Kühlzeit:** 3 Stunden
40 Minuten
**Utensilien:** 1 Backblech oder
1 großer Ofenzauberer
(Backform von The Pampered
Chef)
**Zutaten für 1 Blech**

### Für den Teig:

4 Eier, Größe M

1 Päckchen Vanillezucker

270 g Zucker

300 g Mehl, Type 405
oder 550

100 g Sonnenblumenöl

150 g Fanta oder andere
kohlensäurehaltige Limonade

1 Päckchen Backpulver

### Für den Belag:

400 g gekühlte Sahne

2 Päckchen Sahnesteif

400 g Schmand

2 Päckchen Vanillezucker

300 g Dosenpfirsiche, abgetropft

1. Heize den Backofen auf 180°C Ober-/Unterhitze vor.

2. Gib für den Teig Eier, Vanillezucker und Zucker in den Mixtopf und vermische die Zutaten 1 Minute/ Stufe 4.

3. Füge Mehl, Öl, Fanta und Backpulver hinzu und verrühre die Mischung 2 Minuten/ Stufe 4. Gib den Teig anschließend auf das gefettete Backblech oder den gefetteten großen Ofenzauberer und backe den Kuchen 20-25 Minuten/ 180°C Ober-/Unterhitze im vorgeheizten Backofen goldbraun. Lass den Kuchen anschließend ca. 40 Minuten in der Form auskühlen.

4. Fahre mit einem stumpfen Messer am Rand der Form entlang, um den Kuchenboden ggf. zu lösen.

5. Setze für den Belag den Schmetterling ein, gib die Sahne mit dem Sahnesteif in den Mixtopf und schlage sie auf Stufe 3 in ca. 1 Minute unter Sichtkontakt steif. Entferne anschließend den Schmetterling und fülle die Sahne in eine separate Schüssel um.

6. Gib Schmand und Vanillezucker in den Mixtopf und vermische die Zutaten für 10 Sekunden/ Stufe 2.

7. Füge die Sahne in den Mixtopf hinzu und verrühre sie 12 Sekunden/ Linkslauf/ Stufe 2. Fülle die Mischung in eine separate Schüssel.

8. Gib die Pfirsiche in den Mixtopf und zerkleinere sie 3 Sekunden/ Stufe 5. Wer es gröber mag, schneidet die Pfirsiche per Hand in Würfel.

9. Nun gibst du die Pfirsichstücke in das Sahne-Schmand-Gemisch, verrührst die Zutaten mit einem Spatel per Hand und verteilst sie auf dem ausgekühlten Kuchen. Stelle den Kuchen für mind. 3 Stunden kalt.

10. Gib vor dem Verzehr nach Belieben noch eine Zimt-Zuckermischung auf den Kuchen.

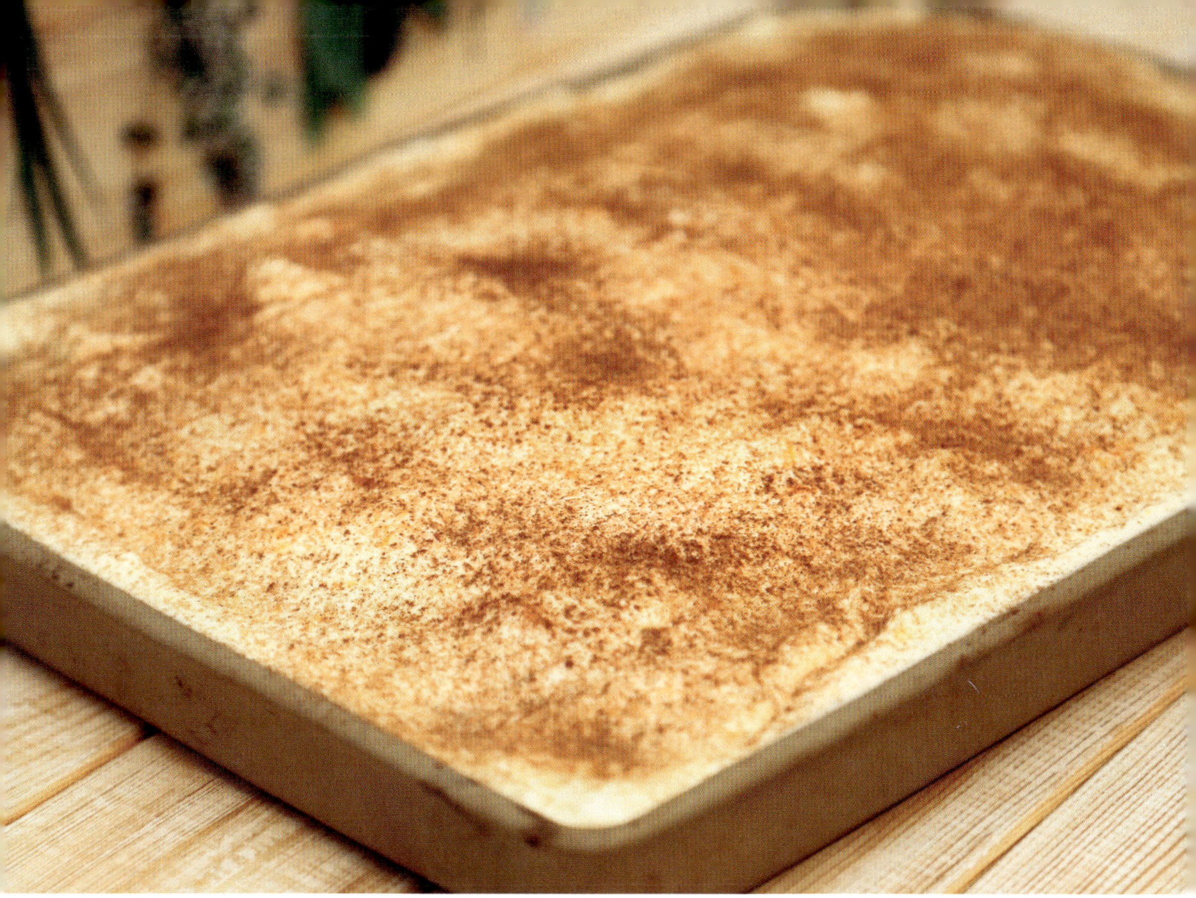

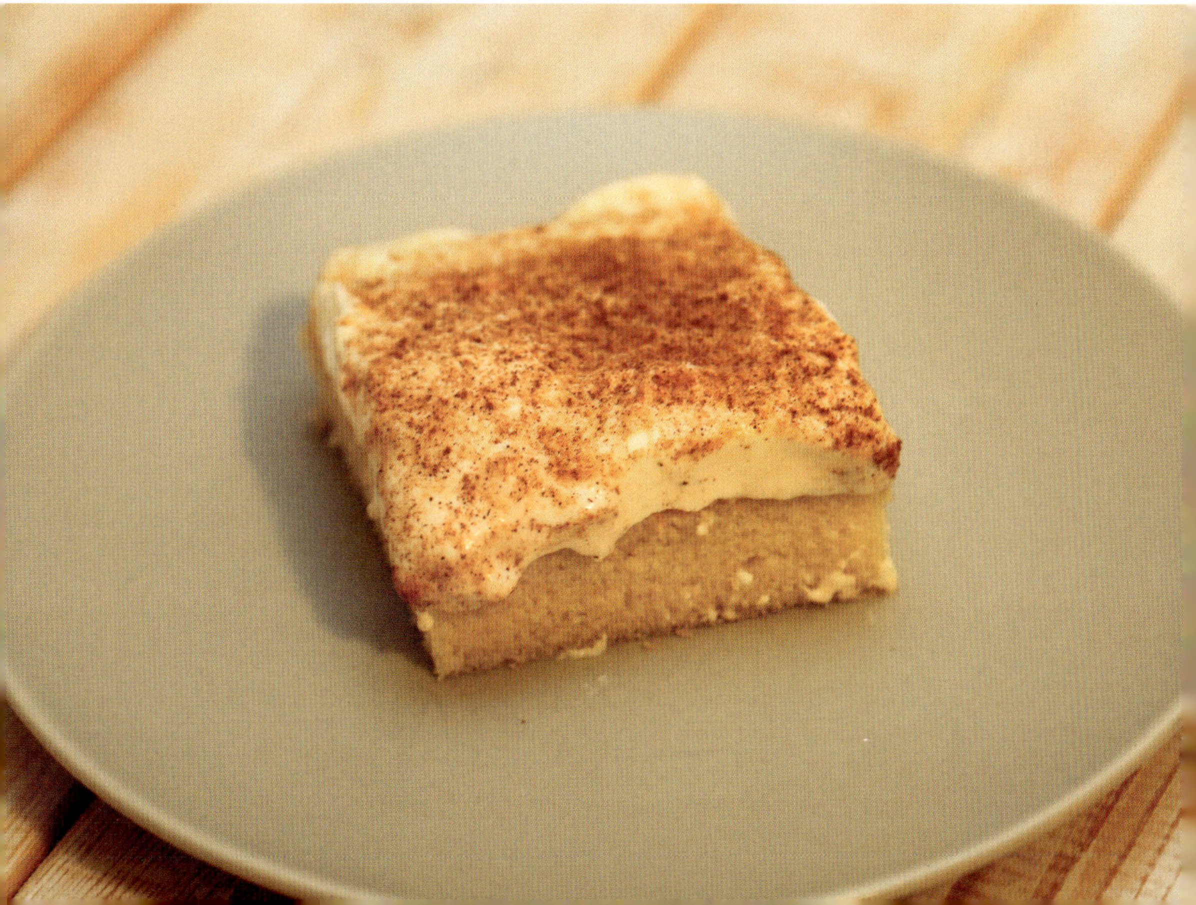

2 Portionen | 15 Min. | leicht

# PROTEIN-WAFFELN

**Zubereitungszeit:** 15 Minuten
**Utensilien:** 1 Waffeleisen
**Zutaten für 2 Portionen**
**(ca. 4 Waffeln)**

**Für den Erdbeerjoghurt:**

70 g Erdbeeren (ca. 5 Stück)

100 g Naturjoghurt,
1,5-1,8 % Fett

**Für den Protein-Waffelteig:**

4 Eier, Größe M

40 g Eiweißpulver

80 g Quark (je nach Wunsch
Speise- oder Magerquark)

1-2 Prise(n) Zimt

Frische Früchte zum Garnieren,
nach Belieben

**1.** Zerkleinere für den Joghurt die Erdbeeren im Mixtopf 5 Sekunden/ Stufe 8 und schiebe die Stücke mit dem Spatel nach unten.

**2.** Füge dann den Joghurt hinzu und vermische beides 10 Sekunden/ Stufe 5. Fülle den Erdbeerjoghurt anschließend in eine separate Schale.

**3.** Verrühre nun für den Teig Eier, Eiweißpulver, Quark und Zimt im Mixtopf 6 Sekunden/ Stufe 4, schiebe alles mit dem Spatel nach unten und verrühre den Teig nochmals 6 Sekunden/ Stufe 4.

**4.** Fette das Waffeleisen ein und backe den Teig portionsweise aus. Serviere die Waffeln mit etwas Erdbeerjoghurt und garniere sie mit den Früchten.

**mixtipp**

Protein-Waffeln eignen sich besonders gut für eine kohlenhydratarme Ernährung.

15 Kekse | 30-35 Min. | leicht

# PROTEIN-KEKSE

**Zubereitungszeit: 10 Minuten**
**Backzeit: 20-25 Minuten,**
**200°C Ober-/Unterhitze**
**Utensilien: 1 kleines Backblech**
**bzw. Zauberstein (Backform**
**von The Pampered Chef)**
**Zutaten für ca. 15 Kekse**

| |
|---|
| 50 g Mandeln |
| 80 g Hafer- oder Dinkelflocken |
| 1 Ei, Größe M |
| ½ Banane |
| ½ TL Zimt |
| 150 g Magerquark |
| 30 g Proteinpulver (z.B. Vanille oder Cookie-Creme) |
| ½ Päckchen Backpulver |

**1.** Heize als Erstes den Backofen auf 200°C Ober-/Unterhitze vor.

**2.** Zerkleinere dann die Mandeln im Mixtopf 5 Sekunden/ Stufe 7 und fülle sie in eine Schale um.

**3.** Verrühre nun Hafer- oder Dinkelflocken, Ei, Banane, Zimt, Magerquark, Protein- und Backpulver im Mixtopf 15 Sekunden/ Stufe 5.

**4.** Füge die zerkleinerten Mandeln hinzu und verrühre den Teig erneut 5 Sekunden/ Stufe 4.

**5.** Als Nächstes gibst du den Teig mit einem Esslöffel portionsweise auf ein mit Backpapier belegtes Backblech oder den gefetteten Zauberstein und backst die Kekse im vorgeheizten Backofen ca. 20-25 Minuten/ 200°C Ober-/Unterhitze aus. Wenn du sie auf dem Backblech backst, brauchen sie wahrscheinlich ein paar Minuten weniger.

mix*tipp*

Die Plätzchen sind ca. 3 Tage fluffig, danach werden sie etwas gummiartig, deshalb mache ich immer nur diese Menge und dann lieber öfter.

**mixtipp**

Du willst dich kohlenhydratarm ernähren, aber nicht auf den Keks zum Kaffee verzichten? Hier ist die Lösung!

200 g  40 Min.  leicht

# GEBRANNTE MANDELN

**Zubereitungszeit: 30 Minuten**
**Backzeit: 10 Minuten,**
**150°C Ober-/Unterhitze**
**Utensilien: 1 Backblech**
**Zutaten für 200 g Mandeln**

---

200 g Mandeln, ungeschält

---

80 g brauner Rohrzucker

---

½ TL Zimt, alternativ
Lebkuchengewürz

---

10 g Butter

---

10 g Wasser

---

**1.** Erhitze Mandeln, Zucker, Zimt oder Lebkuchengewürz und Butter im Mixtopf 6 Minuten/ Varoma/ Linkslauf/ Sanftrührstufe.

**2.** Gib das Wasser dazu und erhitze die Mischung weitere 9 Minuten/ Varoma/ Linkslauf/ Stufe 1. Beobachte 4 Minuten vor Ablauf der Zeit, ob sich der Zucker vollständig aufgelöst und mit den Mandeln verbunden hat. Sollte das nicht der Fall sein, füge weitere 5 g Wasser hinzu.

**3.** Nun verteilst du die Mandeln auf ein mit Backpapier ausgelegtes Backblech, sodass sie nicht zusammenkleben, und lässt sie abkühlen.

**4.** Wenn du sie aber richtig kross haben möchtest, gibst du die Mandeln für ca. 10 Minuten/ 150°C Ober-/ Unterhitze in den vorgeheizten Backofen. Bitte Sichtkontakt halten, damit sie auf keinen Fall verbrennen! Wenn sie Blasen werfen, sind sie fertig.

mix**tipp**

Um den Mixtopf zu reinigen, gibst du einfach etwas Milch (ca. 100 g) in den Mixtopf und erwärmst sie 2 Minuten/ 50°C/ Stufe 6.

4 Knödel | 1h | mittel

# GERMKNÖDEL MIT VANILLESAUCE

**Zubereitungszeit: 30 Minuten**
**Ruhezeit: 30 Minuten**
**Zutaten für 4 Germknödel**

**Für die Knödel:**

30 g Mohn

25 g Zucker

90 g Milch

15 g frische Hefe

250 g Mehl

1 Ei, Größe M

25 g Butter

½ TL Salz

40 g Pflaumenmus, alternativ Erdbeermarmelade

500 g Wasser

etwas Butter für den Varoma

**Für die Vanillesauce:**

220 g Milch

3 Eigelb, Größe M

1 Prise Salz

45 g Zucker

½ Vanilleschote, ausgekratzt

**1.** Als Erstes gibst du Mohn und 15 g Zucker in den Mixtopf und zerkleinerst beides 30 Sekunden/ Stufe 10. Fülle die Mischung in ein Schüsselchen um und stelle sie beiseite. Reinige den Mixtopf gründlich.

**2.** Vermische nun 10 g Zucker, Milch und Hefe im Mixtopf 1 Minute 30 Sekunden/ 37°C/ Stufe 3.

**3.** Füge Mehl, Ei, Butter und Salz hinzu und verarbeite alle Zutaten 30 Sekunden/ Teigknetstufe zu einem Teig.

**4.** Nimm anschließend den Teig aus dem Mixtopf, teile ihn in 4 Portionen und forme die Portionen jeweils zu 12 cm breiten kleinen Fladen. Setze je gut 1 TL Pflaumenmus oder Erdbeermarmelade in die Mitte, drücke die Fladen zusammen und forme sie zu Klößen.

**5.** Lege die Klöße mit der Naht nach unten in den mit Butter gefetteten Varoma. Achte darauf, dass einige Bodenschlitze frei bleiben, damit ausreichend Dampf eintreten kann. Verschließe den Varoma und lass die Knödel an einem warmen Ort 30 Minuten gehen.

**6.** 10 Minuten bevor die Ruhezeit der Germknödel vorbei ist, setzt du den Schmetterling in den gereinigten Mixtopf ein und verrührst darin Milch, Eigelb, Salz, Zucker und das Vanillemark 5 Minuten/ 80°C/ Linkslauf/ Stufe 2 zu einer Sauce. Fülle diese anschließend in einen Thermobecher oder halte sie warm.

**7.** Gieße das Wasser in den gereinigten Mixtopf. Setze den gefüllten Varoma auf den Deckel und gare die Knödel nun 20 Minuten/ Varoma/ Stufe 1.

## mixtipp

Das Pflaumenmus mache ich ebenfalls selbst. Dazu legst du einfach 100 g Trockenobstpflaumen in Wasser ein und am nächsten Tag zerkleinerst du sie mit 5 g Honig und ein paar Prisen Zimt im Mixtopf 15 Sekunden/ Stufe 6.

4-6 Portionen

1h

leicht

# SCHOKOKNUSPERFLAKES MIT SCHWARZER JOHANNISBEERCREME

**Zubereitungszeit: 30 Minuten**
**Ruhezeit: 30 Minuten**
**Zutaten für 4-6 Portionen**

120 g Zartbitterschokolade, in Stücken

60 g Cornflakes, ungesüßt

250 g Cremefine, zum Schlagen

25 g Vanillezucker

150 g Joghurt, 3,5% Fett

60 g schwarzer Johannis-beer-Sirup

100 g Beeren zum Dekorieren (z.B. Himbeeren, Johannisbeeren, Heidelbeeren)

**1.** Schmilz die Schokolade im Mixtopf 6 Sekunden/ Stufe 7 und schiebe die Reste mit dem Spatel nach unten. Schmilz die Schokolade dann 2 Minuten/ 50°C/ Stufe 2.

**2.** Füge die Cornflakes hinzu und rühre sie 25 Sekunden/ Linkslauf/ Stufe 1 unter. Verteile die Schokoflakes anschließend auf Backpapier und lass sie etwa 30 Minuten trocknen. Reinige anschließend den Mixtopf sehr gründlich.

**3.** Bereite während die Schokoflakes abkühlen die Creme vor. Dafür setzt du den Schmetterling auf die Klinge und schlägst die Cremefine mit dem Vanillezucker im Mixtopf unter Beobachtung auf Stufe 3 auf. Das dauert ca. 50 Sekunden. Die Cremefine muss nicht ganz steif sein!

**4.** Gib dann Joghurt und Sirup dazu und vermische alles 10 Sekunden/ Stufe 2.

**5.** Trenne die getrockneten Schokoflakes, verteile sie in vier kleine Schälchen oder Dessertgläser und schichte die Creme darauf. Nun kannst du sie nach Wunsch mit den Beeren garnieren und servieren.

**mix**_tipp_

Wenn du das Dessert vorbereiten möchtest, gibst du die Creme erst kurz vor dem Servieren auf die Schokoknusperflakes, da diese sonst weich werden. Im Kühlschrank härtet die Creme übrigens noch etwas nach.

4 Portionen | 4-5 h 10 Min. | mittel

# OREO-KEKS-EIS

**Zubereitungszeit: 10 Minuten**
**Kühlzeit: mindestens**
**4-5 Stunden**
**Zutaten für 4 Portionen**

---

60 g Oreo-Kekse

---

100 g Zucker

---

200 g Sahnejoghurt oder
griechischer Joghurt, 10 % Fett

---

200 g Sahne, min. 30 % Fett,
kalt

---

**1.** Zerkleinere die Oreo-Kekse im Mixtopf 5 Sekunden/ Stufe 6 und fülle sie in eine größere Schüssel um.

**2.** Pulverisiere als Nächstes den Zucker im Mixtopf 10 Sekunden/ Stufe 10 und warte 2 Minuten, bevor du den Deckel öffnest, da der Zucker sehr staubt. Gib dann den Joghurt hinzu und rühre ihn 30 Sekunden/ Stufe 5 unter.

**3.** Füge nun die zerkleinerten Kekse hinzu und rühre sie 25 Sekunden/ Linkslauf/ Stufe 2 ein. Fülle die Mischung in eine Schüssel um.

**4.** Setze den Schmetterling in den Mixtopf ein und schlage darin die Sahne unter Beobachtung auf Stufe 3 auf, bis sie leicht fest wird.

**5.** Anschließend gibst du die geschlagene Sahne zu der Oreo-Joghurt-Mischung in die Schüssel und hebst sie mithilfe des Spatels unter.

**6.** Bedecke die Eismasse mit Frischhaltefolie und stelle sie für ca. 4-5 Stunden in den Gefrierschrank, wobei du das Eis nach der ersten Stunde mit einem Schneebesen gut durchrührst, damit sich keine Eiskristalle bilden.

4-6 Portionen | 5 Min. | leicht

# SCHOKOMOUSSE-TRAUM

**Zubereitungszeit: 5 Minuten**
**Zutaten für 4-6 Portionen**

40 g ungesüßtes Kakaopulver, z.B. von Bensdorp

25 g brauner Rohrzucker oder Kokosblütenzucker

50 g Zartbitterschokolade

250 g Cremefine zum Schlagen oder Schlagsahne

**1.** Gib das Kakaopulver und den Rohrzucker/ Kokosblütenzucker in den Mixtopf und pulverisiere die Zutaten 10 Sekunden/ Stufe 10.

**2.** Füge die Zartbitterschokolade hinzu und zerkleinere sie 10 Sekunden/ Stufe 8.

**3.** Gieße Cremefine oder Schlagsahne dazu und schlage die Mischung 25 Sekunden/ Stufe 6 cremig auf, fülle die Creme in Dessertschalen und genieße sie.

**mixtipp**

Mit Sahne ist das Ganze flüssiger. Wenn du die Mousse ca. 1 Std. in den Kühlschrank stellst, dickt sie nach. Mit Cremefine hat sie direkt die perfekte Konsistenz.

# ZUM FRÜHSTÜCK

1-2 Portionen     5 Min.     leicht

# BIRCHER MÜSLI

**Zubereitungszeit: 5 Minuten**
**Zutaten für 1-2 Portionen**

60 g Dinkel- oder Haferflocken

10 g Rosinen

20 g Nüsse, gemischt

1 Banane, in Stücken

1 Apfel, geachtelt, entkernt

150 g Naturjoghurt, 3,5 % Fett

2 TL Leinsamen oder 1 TL
Leinsamen und 1 TL Chiasamen

1 EL Sonnenblumenkerne

**1.** Zerkleinere als Erstes Dinkelflocken und Rosinen im Mixtopf 10 Sekunden/ Stufe 8.

**2.** Gib Nüsse, Banane und Apfel hinzu und zerhäcksele die Zutaten 5 Sekunden/ Stufe 5.

**3.** Füge Naturjoghurt, Leinsamen und gegebenenfalls Chiasamen und Sonnenblumenkerne hinzu und verrühre die Masse 12 Sekunden/ Stufe 5.

**mixtipp**
Wahlweise kannst du im ersten Schritt auch noch weiteres Trockenobst, wie Datteln oder Cranberries hinzufügen.

**mixtipp**
Bereite das Müsli schon am Abend zu und lagere es kühl über Nacht in einer Kunststoffdose. Das spart morgens Zeit und das Müsli ist schön durchgezogen. Im Kühlschrank hält sich das Müsli mindestens 2 Tage. Es wird ggf. etwas dunkler wegen der Banane.

**mix*tipp***

Manchmal nehme ich statt der Dinkelflocken Dinkelkörner, die ich dann aber allein im ersten Schritt 10 Sekunden/ Stufe 10 zerkleinere und dann mit dem Rezept fortfahre.

1 Glas | 7 Min. | leicht

# FRÜHSTÜCKS-SMOOTHIE

**Zubereitungszeit: 7 Minuten**
**Utensilien: 1 Glas à 450 ml**
**Zutaten für 1 Glas**

---

40 g Himbeeren, frisch oder gefroren

---

40 g Erdbeeren, frisch oder gefroren

---

120 g Apfelsaft

---

15 g Cranberries

---

1 Königsdattel, entsteint (ca. 15 g)

---

15 g Hafer- oder Dinkelflocken

---

35 g Knuspermüsli mit getrockneten Früchten

---

160 g Joghurt, z.B. 3,5% Fett

---

90 g Kefir (alternativ nur Joghurt verwenden, dann 250 g)

---

**1.** Gib als Erstes Himbeeren, Erdbeeren, Apfelsaft, Cranberries und Dattel in den Mixtopf und vermische die Zutaten 10 Sekunden/ Stufe 10.

**2.** Füge die Hafer- oder Dinkelflocken und das Knuspermüsli hinzu und zerkleinere die Zutaten 14 Sekunden/ Stufe 5.

**3.** Gib zu guter Letzt noch Joghurt und Kefir hinzu und vermische die Masse 30 Sekunden/ Stufe 3.

**4.** Fülle den Smoothie in ein Glas, garniere ihn mit ein paar Hafer- oder Dinkelflocken und genieße ihn.

10 Brötchen   10-12 h 30 Min.   leicht

# SONNTAGSBRÖTCHEN

**Zubereitungszeit: 10 Minuten**
**Ruhezeit. 10-12 Stunden**
**Backzeit: 20 Minuten,**
**220°C Ober-/Unterhitze**
**Zutaten für ca. 10 Brötchen**

| |
|---|
| 150 g Wasser |
| 150 g Milch |
| 1 TL Honig |
| 10 g Butter |
| ½ Hefewürfel, 20 g |
| 500 g Mehl, Type 550 oder 405 |
| 1 ½ TL Salz |
| Öl zum Einfetten der Schüssel |

**1.** Fülle als Erstes Wasser, Milch, Honig, Butter und Hefe in den Mixtopf und erhitze die Mischung 2 Minuten/ 37°C/ Stufe 1.

**2.** Füge Mehl und Salz hinzu und verarbeite die Masse 3 Minuten/ Teigknetstufe zu einem Teig.

**3.** Gib den Teig in eine leicht geölte Schüssel, knete ihn kurz durch und benutze ggf. die Turbostufe zur Entnahme der Teigreste. Verschließe die Schüssel oder decke sie mit Klarsichtfolie ab. Gib den Teig nun für ca. 10-12 Stunden in den Kühlschrank, am besten über Nacht.

**4.** Heize am nächsten Morgen den Backofen auf 220°C Ober-/ Unterhitze vor und stelle ein ofenfestes Schälchen mit Wasser auf den Boden des Ofens. Forme währenddessen auf einer leicht bemehlten Arbeitsfläche den Teig zu einer Rolle und teile ihn mit Hilfe des Spatels in ca. 10 Teile. Schleife die Teigteile anschließend (siehe Video), schneide sie tief mit einem gezackten Brotmesser ein, besprühe sie mit Wasser und lege sie auf ein Backblech. Backe die Brötchen ca. 20 Minuten/ 220°C Ober-/ Unterhitze knusprig braun.

**mixtipp**

Entgegen meiner Aussage im Video heize ich den Backofen nun grundsätzlich auf, bevor ich die Brötchen backe, da ich immer wieder Probleme mit seitlichen Rissen am Boden der Brötchen aufgrund fehlender Unterhitze hatte.

Brötchen schleifen:

Video:

**mixtipp**

Friere die Hälfte der Teiglinge nach dem Einritzen einfach ein und backe sie später auf. Im nicht vorgeheizten Backofen verlängert sich die Backzeit auf 35 Minuten/ 220°C Ober-/ Unterhitze.

**mixtipp**

Wer den Brötchenteig morgens machen möchte, muss den Teig vor dem Brötchenformen abgedeckt 30 Minuten an einem warmen Ort ruhen lassen und 40 g Hefe anstelle von 20 g nehmen.

6 Gläser | 22 Min. | leicht

# ERDBEER-VANILLE-SEKT-KONFITÜRE

**Zubereitungszeit: 22 Minuten**
**Utensilien: 6 Schraubgläser**
**à 250 ml, sterilisiert**
**Zutaten 6 Gläser**

750 g Erdbeeren, verlesen

500 g Gelierzucker 2:1

250 g Sekt

einige Spritzer Zitronensaft

1 Vanilleschote

**1.** Püriere die Erdbeeren im Mixtopf 10 Sekunden/ Stufe 5-7-9, wobei du stufenweise hochschaltest.

**2.** Gib Gelierzucker, Sekt, Zitronensaft und ausgekratztes Vanillemark hinzu und koche die Mischung 12 Minuten/ 100°C/ Stufe 4. Danach machst du eine Gelierprobe.

**3.** Fülle die Marmelade in heiß ausgespülte Schraubgläser, verschließe diese und stelle sie einige Minuten auf den Verschlussdeckel (Vorsicht, heiß!), damit ein Vakuum entsteht.

**mixtipp**

Wer den Sekt weglassen möchte, nimmt einfach 1000 g Erdbeeren auf 500 g Gelierzucker 2:1.

**mixtipp**

Den Rest der Vanilleschote in ein weiteres Schraubglas geben, mit Zucker befüllen und daraus nach einigen Tagen Vanillezucker herstellen.

2-3 Gläser | 15 Min. | leicht

# BIRNEN-ZIMT-KONFITÜRE

**Zubereitungszeit: 15 Minuten**
**Utensilien: 2-3 Schraubgläser**
**à 200 ml, sterilisiert**
**Zutaten für 2-3 Schraubgläser**

---

1000 g Birnen, geschält und
entkernt, in groben Stücken

---

1 TL Zimt

---

500 g Gelierzucker 2:1

---

**1.** Gib Birnen, Zimt und Gelierzucker in den Mixtopf
und zerkleinere die Mischung 10 Sekunden/ Stufe 8.
Koche die Konfitüre 13 Minuten/ 100°C/ Stufe 2 ein.

**2.** Mache nach der Kochzeit eine Gelierprobe und
fülle die Konfitüre anschließend in Schraubgläser.
Stürze diese für einige Minuten auf den Deckel, um ein
Vakuum zu erzeugen und die Gläser so dauerhaft zu
verschließen.

| 3 Gläser | 20 Min. | leicht |

# KÜRBIS-APFEL-VANILLE-KONFITÜRE

**Zubereitungszeit: 20 Minuten**
**Utensilien: 3 Schraubgläser**
**à 200 ml, sterilisiert**
**Zutaten für 3 Schraubgläser**

---

500 g Kürbisfleisch, in groben Stücken (z.B. Hokkaido)

---

400 g rote Bio-Äpfel, ungeschält, entkernt und geviertelt

---

1 Vanilleschote

---

150 g Wasser

---

Saft einer Zitrone

---

500 g Gelierzucker 2:1

---

**1.** Als Erstes zerkleinerst du Kürbis und Äpfel im Mixtopf 8 Sekunden/ Stufe 8 und schiebst die Stücke mit dem Spatel nach unten.

**2.** Schneide vorsichtig die Vanilleschote mit einem Messer der Länge nach ein und kratze das Vanillemark mit einem Löffel heraus. Gib dieses mit Wasser und Zitronensaft in den Mixtopf und erhitze die Mischung 13 Minuten/ 100°C/ Linkslauf/ Stufe 2.

**3.** Entferne mit Hilfe des Spatels die Vanilleschote aus dem Mixtopf und füge den Gelierzucker hinzu. Verrühre die Mischung 5 Sekunden/ Stufe 4 und lass diese anschließend ca. 6 Minuten/ 100°C/ Stufe 2 einkochen.

**4.** Führe eine Gelierprobe durch und fülle die Konfitüre in heiß ausgespülte Schraubgläser. Stelle die Gläser für einige Minuten auf den Deckel, damit sich ein Vakuum bildet.

mix*tipp*
Wer die Marmelade ganz samtig ohne Stückchen möchte, püriert sie zum Schluss noch 30 Sekunden stufenweise von Stufe 5-9.

# GETRÄNKE

2-4 Gläser  10 Min.  leicht

# MOJITO-SORBET

**Zubereitungszeit: 10 Minuten**
**Utensilien:** 4 Sekt- oder
2 Cocktailgläser,
2-4 Strohhalme
**Zutaten für** 4 Sekt- oder
2 Cocktailgläser

---

1 Bio-Limette, halbiert

---

100 g Wasser

---

110 g Sprite

---

40 g brauner Rohrzucker

---

40 g Havana Club, 3 años

---

5-8 Blätter Minze, je nach Größe

---

260 g Eiswürfel

---

Minze, nach Bedarf,
zum Garnieren

---

**1.** Gib die Limette mit dem Wasser in den Mixtopf und zerkleinere sie 2 Sekunden/ Turbo. Setze das Garkörbchen ein und fange den Limettensaft in einem Glas auf.

**2.** Entferne die Limettenüberreste aus dem Mixtopf und spüle den Mixtopf kurz mit kaltem Wasser aus.

**3.** Fülle Limettensaft, Sprite, Rohrzucker, Rum, Minze und Eiswürfel in den Mixtopf und zerkleinere die Zutaten 30 Sekunden/ Stufe 6.

**4.** Fülle das Sorbet in 4 Sektgläser oder 2 Cocktailgläser, garniere die Gläser mit einem Strohhalm und Minzblättern und genieße das Sorbet sofort.

**mix**tipp

Für eine alkoholfreie Variante einfach anstelle des Rums Sprite verwenden.

0,5 Liter  30 Min.  leicht

# BAILEYS

**Zubereitungszeit:** 15 Minuten
**Ruhezeit:** 15 Minuten
**Zutaten für 0,5 l**

90 g Zucker

2 TL lösliches Kaffeepulver

2 Eigelb, Größe M

1 Becher Sahne, 200 g

150 g Whiskey

**1.** Pulverisiere zunächst den Zucker 15 Sekunden/ Stufe 9 zu Puderzucker. Gib Kaffeepulver und Eigelb zum Zucker dazu und vermische die Zutaten 5 Minuten/ 70°C/ Stufe 3.

**2.** Füge Sahne und Whiskey hinzu und verrühre die Zutaten nochmals 5 Minuten/ 70°C/ Stufe 3.

**3.** Lagere den Baileys nach dem Abkühlen im Kühlschrank und schüttele ihn vor Gebrauch gut.

mix*tipp*

Es kann auch die doppelte Menge im TM 5 zubereitet werden. Im Kühlschrank hält er sich viele Tage.

1 Liter | 12-16 h 15 Min. | leicht

# MANDELMILCH

**Zubereitungszeit: 15 Minuten**
**Ruhezeit: 12-16 Stunden**
**Utensilien: 1 feinmaschiges Sieb**
**(z.B. ein Textilsieb), 1 Karaffe**
**oder Schraubflasche**
**Zutaten für ca. 1 l**

200 g Mandeln, ungeschält
(1 Beutel)

1000 g kochendes Wasser

**1.** Gib die Mandeln in eine Schale, bedecke sie gut mit Wasser und lass sie über Nacht ziehen. (ca. 12-16 Std.)

**2.** Schütte evtl. verbliebenes Wasser aus der Schale ab, gib die Mandeln zusammen mit 1000 g kochendem Wasser in den Mixtopf und püriere die Zutaten 30 Sekunden/ Stufe 10. Starte dabei zunächst kurz mit Stufe 5 und schalte dann schrittweise zügig bis Stufe 10 hoch.

**3.** Gieße die Milch durch ein sehr feinmaschiges Sieb in eine Karaffe oder Schraubflasche und drücke den Mandelbrei dabei mit einem Löffel aus.

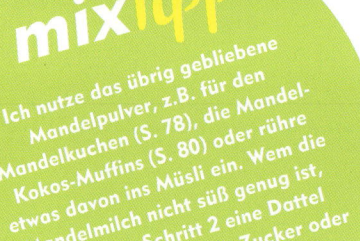

**mix**tipp

Ich nutze das übrig gebliebene Mandelpulver, z.B. für den Mandelkuchen (S. 78), die Mandel-Kokos-Muffins (S. 80) oder rühre etwas davon ins Müsli ein. Wem die Mandelmilch nicht süß genug ist, der kann in Schritt 2 eine Dattel hinzufügen oder sie mit Zucker oder etwas gesünder, mit Honig oder Kokosblütenzucker süßen.

1 Glas | 6 Min. | leicht

# SMOOTHIE DARK ANGEL

**Zubereitungszeit: 6 Minuten**
**Zutaten für 1 Glas à ca. 400 ml**

1 Banane, in groben Stücken

160 g Ananas, in groben Stücken

50 g Heidelbeeren

30 g Rote Bete

1 TL Chiasamen (optional)

130 g Wasser

**1.** Gib Banane, Ananas, Heidelbeeren, Rote Bete, Chiasamen und Wasser in den Mixtopf und püriere die Zutaten 45 Sekunden/ Stufe 10.

2 Gläser  |   2 Min.  |   leicht

# GRÜNER SMOOTHIE

**Zubereitungszeit: 2 Minuten**
**Zutaten für 2 Gläser à 250 ml**

25 g frischer Spinat

65 g Schlangengurke,
in groben Stücken

150 g Ananas, in groben
Stücken

1 EL Chiasamen (optional)

120 g Banane (ca. 1 Banane),
in groben Stücken

5-10 g Ingwer (nach
Geschmack)

170 g Wasser

1. Gib Spinat, Schlangengurke, Ananas, Chiasamen, Banane, Ingwer und Wasser in den Mixtopf und vermische die Zutaten 1 Minute/ Stufe 10.

# mixtipp

**mixtipp:**
**Mediterrane Rezepte**

104 Seiten,
Format: 17 x 24 cm,
Klappenbroschur,
durchgehend farbig bebildert

ISBN: 978-3-945152-51-5, **9,99 €**

**mixtipp:**
**Vegane Rezepte**

112 Seiten,
Format: 17 x 24 cm,
Klappenbroschur,
durchgehend farbig bebildert

ISBN: 978-3-945152-52-2, **9,99 €**

**mixtipp:**
**Baby- und Kleinkinder-Rezepte**

96 Seiten,
Format: 17 x 24 cm,
Klappenbroschur,
durchgehend farbig bebildert

ISBN: 978-3-945152-53-9, **9,99 €**

**mixtipp:**
**Party-Rezepte**

104 Seiten,
Format: 17 x 24 cm,
Klappenbroschur,
durchgehend farbig bebildert

ISBN: 978-3-945152-50-8, **9,99 €**

**mixtipp:**
**Lasst uns Grillen**

120 Seiten,
Format: 17 x 24 cm,
Klappenbroschur,
durchgehend farbig bebildert

ISBN: 978-3-945152-69-0, **9,99 €**

## LEMPERTZ

# Sichere dir zum Kennenlernen der MIXX-Zeitschrift jetzt ein Gratis-Exemplar im Wert von 4,90 €!